伝えたいことが100％表現できる！

ロジカル文章術
見るだけノート

監修
赤羽雄二
Yuji Akaba

宝島社

ロジカル文章術
見るだけノート

監修｜赤羽雄二｜Yuji Akaba

宝島社

今、文章を書くことが
苦手なあなたもきっと
スラスラ書けるようになる

- 何を書けばいいのかわからない
- うまい文章が書けない
- 長い文章が書けない
- 書きたいことが特にない

　あなたは、このような理由で文章を書くことが苦手ではないですか?

　私も元々文章を書くことが苦手で、ブログなどを書いたことがありませんでした。しかし、現在ではブログを無理なく書くことができますし、自著を24冊出版するまでになっています。

　かつて、私は外資系コンサルティング会社のマッキンゼーで14年間、日本企業や韓国企業の経営改革や新事業創造に携わりました。そこでは日々学ぶことが多く、入社してから早々にメモを取り始めたことを覚えています。

　最初の2年間はとても苦労しました。いざ文章を書こうと思っても言葉が出てこないのです。かといって無理やり書いた文章もしっくりこず、演繹法や帰納法などの細かい文章構造が一度気になると、途端に試行錯誤が止まらなくなり、焦れば焦るほど、文章が書けなくなりました。

　しかし、苦悩しながらもクライアントへの報告書を書いていると、そのうち「何を言いたいのか」、「何を言うべきか」をさっと書くことができるようになったのです。

これは、別に私の隠れた文才が開花したというわけではありません。その報告書はほぼ箇条書きです。がむしゃらに書き続けた結果、私の中で文章への苦手意識が薄れていったのです。

そこからは気づきの連続でした。「言いたいことを箇条書きにしてから文章にすればいい」「文章の順序、流れにそこまで決まりはなく、言いたいことを書き連ねればいい」「それでね、あのねと言い続ければいい」とわかるようになり、現在では「文章を書くことはそこまで特別なことではないんだ」と思えるようになっています。

今文章を書くことが苦手なみなさんも決してあきらめないでください。本書にあるテクニックを学び、文章を書き続ければ、あなたもきっと文章がスラスラ書けるようになっているはずです。

的確な文章が素早く書けるようになると、難しい内容のメールや込み入った報告書も躊躇（ちゅうちょ）せずに作成できるので、仕事もどんどん進むようになります。

とりあえず、まずはブログを開設してみてください。書き続けているうちにあなたのもとにも書籍化の話がくるかもしれません。

本書によって、みなさんの文章に対する苦手意識がなくなることを切に願っています。

赤羽 雄二

伝えたいことが100%表現できる!

ロジカル文章術
見るだけノート

- contents -

Chapter 1
基になる文章を
さっと用意する

Chapter 2
文章を簡潔にする

Chapter 3
文章の内容を
整理するための
ロジカルシンキング

Chapter 4
文章をわかりやすくする
テクニック

Chapter 5
文章をよりよくする
文法知識

Chapter 6
よりよい文章を
書くための習慣

Chapter 1

基になる文章を
さっと用意する

よい文章を書くには、基となる文章が必要になります。
そこは時間をかけずに準備したいものです。
少しの工夫で、テーマ探しや文章作成を簡単にしましょう。

01 メモがいつでも取れる状態にしよう

素晴らしい文章を書くため何より大切なのは「メモを取る」習慣です。
頭に浮かんだアイデアや発見を、必ず文字で記録していきましょう。

残念ながら人間の脳は、長くても1分ほどで頭に浮かんだことを忘れてしまうといわれています。せっかく浮かんだ斬新なアイデアや素晴らしい発明、日常の気づきが消滅してしまうのはもったいないことです。そのために大切なのが、忘れないうちに文字で書き残す習慣です。思いついた瞬間に書かなければ、思いついたこと自体を忘れてしまうのです。いつでもどこでも筆記用具と**メモ帳**などを持ち歩いて、自分の思いつきに備えていけば安心できます。

思い浮かんでから30秒間が勝負

筆記用具はペンでも鉛筆でも構いません。メモする媒体は、メモ帳やノート、カードなどがあります。もちろん、スマートフォンやパソコンでも問題ありません。とにかく頭に浮かんだものはすべて書き出していきましょう。メモ書きの習慣がつくと、ノートに要領よくまとめるスキルが身につきます。仕事や勉強のスケジュール管理をはじめ、日誌、会議の記録、講演の概要、読んだ本のまとめや抜粋、ToDoリストなど、あらゆることを文字でまとめることができるようになります。

02 アイデアが浮かびやすい 場所に行こう

人にはそれぞれアイデアが浮かびやすい場所があります。自分の特別な場所を有効活用することがさまざまな気づきに結びついていきます。

アイデアが浮かびやすい場所というと、どこが思いつくでしょう。生活環境などで違いがあるかもしれません。中国・北宋時代の政治家で学者でもあった欧陽脩は、文章をつくる場所として「三上」を挙げています。三上とは、馬上（馬に乗っているとき）、枕上（布団などで横になっているとき）、厠上（トイレにいるとき）です。馬上は、現代なら電車など乗り物に乗っている時間にあたるでしょう。1000年近い昔の人は、こういった場所で思索をしていたと考えられます。

アイデアが生まれる場所

14

一方、現代では主にどのような場所でアイデアが浮かびやすいかというと、精神科医の樺沢紫苑氏は、「創造性の**4B**」という考えの中でBus（バス。乗り物での移動中）、Bed（寝る前や目覚めたとき）、Bathroom（お風呂やトイレ）、Bar（お酒を飲んでいるとき）の４つを挙げています。４Bのうち、３つの項目が三上と重なっている点は注目に値します。昔も今も、アイデアが浮かぶ場所に大きな違いはないということです。いつでも手が届くところに筆記用具類を準備しておきましょう。

03 言うべきポイントを さっとメモ書きする

頭の中をしっかりと整理できなければ、ビジネスの場で必ず要求される問題の把握が困難になります。問題を把握できていなければ、必然的に解決力も期待できません。それらの遂行が滞れば、スピードが遅いということになります。これらは、経験を積み上げたからといって改善されるものではありません。しかし、頭の中を整理するためのシンプルで最適な方法があるとしたらどうでしょう。それは、**A4用紙**を使ってメモを書くことです。簡単な方法ですが著しい効果があります。

言いたいことをとにかく書く

用意するものは、Ａ４用紙と筆記用具だけです。まず、用紙を横に置き、文章のテーマを考えて、横書きで左上にタイトルを、右上には日付を書きましょう。そして、１行に20文字から30文字で４行から６行ぐらいの分量を１ページにして、１日に10〜20ページ書いていきます。文字の間違いなど気にせず、頭に浮かんだことを書き殴ります。３カ月後に見直すと、自分の書いた内容に感心します。頭の中で言語化する能力がつけば、問題把握や解決力、そして、スピードもアップするのです。

04 メモの内容を整理し、文章を組み立てよう

ひらめいたことをメモしてアイデアの**要素出し**を行ったら、メモを整理して内容を組み立て、文章をつくっていきましょう。

メモを取る段階では単語の断片でも、感想や印象でも構いません。誰かに見せる目的ではないのですから体裁は考えなくていいのです。ひたすら書き出しましょう。内容の順番や使えそうか使えそうもないかも気にしなくて構いませんが、ただ、メモ1枚で1つのテーマにまとめておくと、あとの整理が楽になります。「仕事について」、「コミュニケーションについて」、「気になること」、「将来について」など、すぐ見られるように、いくつかに分けておくのがいいでしょう。

3つのステップで文章を組み立てる

Step.1

まず要素出し
難しいことは
考えない

①ひらめいたことをすべて
メモする（要素出し）
②使えるかどうかは考えずに
書き出す
③順番や文法なども気にしない
※1枚に1つのテーマを書くようにする

アイデアの要素出しの作業が終わったら、いよいよ文章化を始めます。難しいことはありません。カテゴリーごとに書き出したメモから１つのテーマを選んで、何があって、それは誰で、どこで起きて、それはいつで、結果的にどうなったかといった順番を整理します。そして、書き足しなどを行い、誤字や脱字の修正をしていくだけです。要素出しの段階では断片的だったアイデアや気づきが、具体的な文章として整っていく作業ですから、きっと楽しくなります。

とりあえず書き始めよう

何を書いたらいいかわからないときの最善策が「とりあえず書くこと」です。何か書くことで改善点や補塡箇所が見えてくるのです。

どんな文章のプロでも、どこでもどんなときでもスラスラと文章が書けるわけではありません。やる気が出ない日もあれば、考えが整理できず悩む場合もありますし、書く材料に思い当たらないといったケースもあるでしょう。そんな状況になったらどうすればいいのでしょう。書けるようになるまで頭を休ませるというのは間違いです。多くのプロたちは、そういうときには何でもいいからとにかく書き始めるのです。「まず書く」ことでどういう変化があるでしょうか。

上手な文章を書こうと気負わない

まず、1行目を書くことで、2行目が浮かびやすくなります。2行目を書けば3行目が浮かんできて、どんどん書くことが進んでいきます。そのとき、**思いついた順番**に書くとよりスムーズになります。結論から書いても具体例から書いても構いません。自分がやりやすい方法が最適なのです。また、文章のつながりは書き終わってからゆっくり考えます。書き始めから上手な文章を書こうとプレッシャーを感じては書く前に疲れます。まずは気楽に書いてみましょう。

迷わず止まらずに書き切ろう

メモ書きを続けていけば、頭の中で言語化する力がつきますから、そのまま一気に書き切りましょう。**修正**はあとから行えばいいのです。

アイデアをメモに取る習慣がついていけば、断片的なひらめきや気づきであっても、頭の中で言語化するスキルが上がってきているはずです。そして、「とにかく書き始めよう」という意思も定まっています。次は、最後まで一気に書き切っていくトレーニングです。大切なのは、途中で止まらないことです。文章を書き終えるまでは、他のことは何も考えず、ただ書きます。メモ書きのトレーニングで、言葉を選ばないで書くことに慣れていますから、スムーズに書けると思います。

勢いまかせで書き殴るイメージ

素早く文章を作成できるところまでレベルアップしても、「間違えていないか心配だ」、「うまい文章を書こう」、「わかりやすい文章になっているだろうか？」などと考えて、自分の文章に懐疑的になってはいけません。すべてを吐き出すことが最重要なのです。なぜなら、一度最後まで書き切ってしまえば、あとはWordやPowerPointでいくらでも修正が可能なのです。プロだって最初から間違わずに書くことなどできません。とにかく一気に書き切って、ゆっくりと修正しましょう。

考えを整理するために
まず書いてみよう

　小学生のころ、作文や読書感想文がうまく書けなかったという思い出のせいで、大人になってからも文章を書くことに苦手意識をもっている人は意外に多いようです。そういう人は、文章を書くことを「情報伝達の手段」とだけ考え、頭の中の情報を整理せずにアウトプットしてしまい、文章の内容が乱雑になってしまう傾向があります。

　大切なのは、文章を書くことが「思考の手段」でもあることを自覚すること。頭の中の情報を文字として書き出して整理するのです。実際、小説家やエッセイストに代表される文章を書くことが職業の人ほど、まずは文章の「設計図」を、時間をかけて作成します。具体的には、

1．文章の種類や用途はなにか
2．どんな構成にするか（起承転結、CRF法、SDS法など）
3．どこにどんな情報を盛り込むか

　上記の1〜3に関する情報を、本格的に文章を書き始める前に、メモに書き起こして整理してみます。抽象的で言葉にしづらい内容なら、イラストを使っても大丈夫です。
　例えば、新しくオープンする子ども向けの複合施設の広告記

事を書く場合なら、

1. 広告記事。小学生までの子どもを持つ親がターゲット。
2. 構成はSDS法
3. 概要（Summary）で施設の場所、開業日、コンセプトを紹介。
   詳細（Details）で設備やサービスを詳しく解説。
   まとめ（Summary）で利用者が得られるものをアピール。

といったことを、メモに書き出すことになるでしょう。

　もちろん、メモ通りに書いたのに「なんだか納得いかない」という文章が完成してしまうこともあります。そのときは、時間を置いて読み直し、じっくりと推敲（すいこう）すればよいのです。

　そもそも、書くための情報を整理したからといって、すぐに文章がうまくなるわけではありません。スポーツでよい成績を出すためには毎日のトレーニングが欠かせないように、文章もクオリティを上げるためには、たくさん書くことが必要です。

　実際、文章のプロである小説家でも、作品が雑誌に掲載するまで何度も書き直し、単行本になるときにも手を加えます。なかには、文庫化のときにまで手直しする小説家もいるほどです。

　そのため、文章を書くことへの苦手意識が強い人ほど、ちょっとした文章を書く習慣をつけてみましょう。その日の出来事を簡単にまとめた日記もよいですが、ネット書店への購入した本のレビューの投稿などが、情報のインプットとアウトプットの訓練になるのでおすすめです。

Chapter 2

文章を簡潔にする

誰もが長文より短文のほうが読みやすいはずです。
基となる文章ができたら、
無駄を省いてスマートな文章にしましょう。

01 # 文の構造をおさらいしよう

わかりやすい文章を書くにはどうしたらいいでしょうか。それは余計な言葉をそぎ落とし、できるだけ簡潔な文章を心がけることです。

文章を書く前にその構造を確認しましょう。文章の構造は実にシンプルで、基本的に主語と述語からなる一文の連なりです。ところがこれを難しくさせてしまう一番の要因は、欲張って余計な情報をつけ加えすぎてしまうことです。情報量の多すぎる文章は、読みにくく、結局十分に伝わらないということが多々見られます。簡潔な文章を書くためには余計な情報や不要な言い回しを削除していく必要があるのです。こうしてシンプルな〈主語と述語〉による**短文**が文章のベースになります。

文章はシンプルな短文にする

そして、こうした短文を繰り返すことによって、わかりやすい文章が生まれるのです。短文の場合は、主語と述語の距離が近いので、先の文章を読み進めなくても誰がどうしたという事実関係がはっきりします。また、短い文で意味を伝えようとするため、より適切な言葉を厳選するようになり、書き手の主張もはっきりします。このように短文を中心にして文章を書くことによって、内容が伝わりやすくなるだけでなく、文章全体のリズムもよくなってくるのです。

29

02 適切な文章量はどのくらい？

一文は簡潔にして短くした方がよいとお伝えしました。では、具体的に何文字ぐらいが理想なのでしょうか。

一文の具体的な長さは、おおむね40〜60字がベストで、どんなに長くても60字以内に収めたいものです。長すぎる文は主語と述語の関係が複雑になりわかりにくくなります。加えて情報量も増え、読み手がついていけなくなります。一文が長いときにはまず不要な箇所を削りましょう。また無理に一文のなかに収めないで、2つ以上の文につくり直すことが望ましいです。これらの作業を確実に行えば、長くても60文字以内には収まり、自然にわかりやすい文になるのです。

一文は40〜60字以内がベスト

さて、ここで大事なのはただ文字数を減らせばいいというわけではありません。文字数が少なくても情報が多すぎると読み手は覚えきれなくなります。そこで、**ワンセンテンス・ワンメッセージ**という言葉があります。「センテンス」とは「文」のことです。つまり、1つの文に1つの情報だけを記せば、読み手にもスムーズに伝わるということです。厳守しなければならないわけではありませんが、文章作成時の目安として覚えておくことが大切です。

3つの文にしました

よい文章例

ミケランジェロは人間中心主義が盛んになったルネサンス期の代表的芸術家である。本人は彫刻業を本業と主張した。現代では『最後の審判』『天地創造』などの画家としても評価されている。

わかりやすいね

短くてもよくない文章例

会議は2月17日10時、本社19階の会議室Bで行い、来期新企画について話し合います。

⬇ 改善

よい文章例

2月17日10時、会議を行います。場所は本社19階の会議室B。来期新企画について話し合います。

ワンセンテンスの情報が多すぎると、短くてもわかりづらい文章になってしまいます

03 主語と述語の対応を わかりやすくする

文の構造は主語と述語にあります。この枠組みを大事にしましょう。書く ときは常に主語が述語に対応しているか確認するのです。

簡潔な文章の基本構造に主語と述語があるということを説明してきました。主語と述語がしっかり対応していれば、**文章の枠組み**も明確になり、読み手もすんなり読むことができます。悪いケースとして、まず主語と述語が対応していないものがあります。「代表選手の任命権は代表監督です。」という文は、人でない「任命権」という主語が、「代表監督です」という人物と符号しないために違和感が生じます。これは、「代表選手の任命権を持つのは代表監督です。」という直し方で、すっきりします。

文章の基本的枠組み

主語と述語が対応していない文をねじれ文といいます

よくない文章例
私の将来の夢は、学校の先生に
 主語 ————×
なりたいです。
—→ 述語

正しい文章例
私の将来の夢は、学校の先生に
なることです。
or
私は将来、学校の先生になりたいです。

短文ではすぐ気づいても長文では気づかない場合があるよ

こうした短文以外でも、一文のなかで主語が変わり、述語もその主語に対応してしまうパターンがあります。これを防ぐためには、主語がどのような述語にかかるかをはっきりさせ、2文以上の文章にすることです。その際、主語と述語を近くにおいておけば、読み手の誤読も防ぐことができます。

また、主語を省略する文章もありますが、基本的にわかりやすい文章にするには主語を明示して勝手に省略しないことも重要になってきます。

主語と述語がわかりやすく対応していることが文章の枠組みの基本！

だんだんわかってきた

まだまだ序の口だよ

よくない文章例1
代表選手の任命権は、代表監督である。

正しい文章例1
代表選手の任命権を持つのは、代表監督である。

よくない文章例2
私の卒業旅行の計画はエジプトです。

正しい文章例2
私の卒業旅行の計画は、エジプトを回ることです。
or
私の卒業旅行先はエジプトです。

04 | 述語は重ねない

一文に情報を少しでも多く盛り込もうと、述語部分が重なっていませんか。
シンプルな文を目指す上で重なった述語は大敵です。

主語と述語を骨格にしたシンプルな形が文の構造の基本です。しかし、日本語の構造として往々に述語部分が膨らんでしまうことは、小学生の作文を見ればわかります。小学生の作文なら、「今日、お父さんとテーマパークに行った。最初にアトラクションAに乗り、次にBに乗り、次にCに乗り……。」と、このように主語がないまま、述語部分だけが膨大に膨れ上がってしまうのです。確かに、多くの情報量を伝えようとするあまり、述語が長くなるのは会話ではよくあることです。

述語が多いと幼稚に見える

しかし、こんな冗長な文章はビジネス文書としては幼稚です。こうした文を整理するためには、同じ述語を削るのはもちろんのこと、同じ意味を持つ言葉が複数出ていないかを判断する必要があります。同じ意味の言葉を**類語表現**と呼びます。一文にこれが出てきたらなるべく省略する必要があります。あくまで一文に主語に対応する述語１つをベースにしながら、複数の文にしましょう。そしてその際に不適切な類語表現を削っていくことも考えなくてはなりません。

正しい文章例

日ごろのトレーニングが重要だと痛感したのは、盃を受けて実戦に赴いた時だ。

「気づいた」がなくなっている

述語を重ねないで書く方法

ワンセンテンス・ワンメッセージを徹底する

ツーメッセージのときはツーセンテンスにする

文中で1つの主題に対し、述語を1つで対応するようにする

省略できる表現（類語表現）はできるだけ省略する

なるほど

05 | 修飾語の上手な使いかた

文章には修飾語が必要になります。この場合、「句」と「詞」とを区別することでわかりやすさが変わってきます。

「私は本を読んだ。」という主語と述語からなる一文だけでは情報量が少なすぎます。情報量を増やし、「私はビジネスに役立つ本を読んだ。」として修飾語を入れれば、どういう状況か理解できます。ところが難しいのは修飾語がどこにかかるかわかりにくいという点です。例を変えましょう。「私は旅先で素敵な多くの外国人にカメラに一緒に写ってもらいたいと懇願されていた女性に会った。」という文があるとします。この場合、2通りの読み方ができるでしょう。

被修飾語をわかりやすく

よくない文章例

私は赤いバラの花の描かれた厚手の服を着た女性に話しかけた。

↓改善

正しい文章例

私は赤いバラの花の描かれた、厚手の服を着た女性に話しかけた。

or

私はバラの花が描かれた、赤い厚手の服を着た女性に話しかけた。

「素敵な」のが外国人と、「素敵な」のが女性の場合の 2 つです。これをわかりやすくするには、前者ならば「私は旅先で多くの素敵な外国人に、カメラに一緒に写ってもらいたいと懇願されていた女性に会った。」になります。後者ならば「私は旅先で素敵な女性に会った。その人は多くの外国人にカメラに一緒に写ってもらいたいと懇願されていた。」になります。このように修飾語が連なる「**句**」と、形容詞などの修飾語それ自体である「**詞**」に分けてどこにかかるか考えましょう。

よくない文章例

私は旅先で素敵な多くの外国人にカメラに一緒に写ってもらいたいと懇願されていた女性に会った。

改善

正しい文章例

私は旅先で多くの素敵な外国人に、カメラに一緒に写ってもらいたいと懇願されていた女性に会った。
or
私は旅先で素敵な女性に会った。その人は多くの外国人にカメラに一緒に写ってもらいたいと懇願されていた。

06 接続語で関係性を明らかにする

よい一文ができたなら、あとはその文をどのように文章として連ねるかです。それをスムーズにするために接続語が重要になってきます。

文章は一文一文の連なりです。いかに素晴らしい一文を書いても、前後の文が合わなければ意味が通じません。そうはいっても一文と一文は違うことが書かれます。すべての文がすんなり続くとばかりではありません。それを補うために接続語があります。この接続語は、**接続詞**と**接続助詞**に分けられます。接続詞は「だから」、「それなのに」、「しかし」、「したがって」、「けれども」、「つまり」、「また」、「および」など、われわれが普段使うフレーズになっています。

被修飾語をわかりやすく

一方、接続助詞は単独では使えず、「〜なのに」や「〜から」といった文節の単位で接続の役割を果たしています。さらに接続詞ではないですが、接続語の扱いをする語句があります。いずれにしても接続語として、順接や逆接などをスムーズに展開する言葉になっています。このような接続語の関係性によって、文と文との関係がスムーズに流れます。接続語をうまく使うことで前後の関係性が明らかになり、文章は格段によいものになるのです。

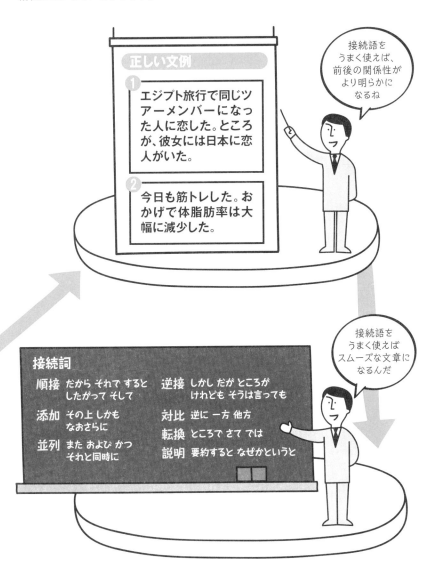

07 接続詞を なんとなく入れない

接続詞は種類も多く便利な言葉です。そのため、使いすぎてしまう傾向もありますが、多すぎては締まりのない文章になります。

接続詞は多く入れると読みづらいです。小学生の作文で見られるような「お正月にいとこが来た。それで2人でトランプをして遊んだ。けれども時間がなく十分に遊べなかった。それでも叔父さんがお年玉をくれたので嬉しくなった。」といった常に一文ごと接続詞をはさむケースがよい例でしょう。特に**逆接**の接続詞が連続するのは読み手が困惑します。こうした場合、文章の構造自体を変えるなどしてなるべく接続詞の多用を避けましょう。接続詞を気軽に入れてはいけないのです。

接続詞の使い方が悪いとわかりづらい

接続詞が
多いね

よくない文章例

A県における販売促進のため、A県に11月12日から3日間出張をした。しかし、出張は前泊だったので11月11日の夜には新幹線で現地に入っていた。そして翌日、ホテルを出て現地担当者のAさんと落ち合い、打ち合わせをした。そして午後からA県のクライアントを回った。だが、当社の商品の評判は必ずしもよくはなかった。それでもわが社のアフターサービスを支持する声もあり、救われた気がする。とはいえ、3日間回った感触はよいとは言えない。今後の課題にしたい。

逆接の接続詞が
3回続くと
何だか目が回るわ、
「そして」も
2回続くし

一般に「だから」、「そして」などの順接の接続詞はなくても済む場合が多いものです。一方で逆接の接続詞は文章の流れを変えるものだけに、簡単には削除できません。文章を書くときには、まず接続詞を気にせず書き、できあがった文章から不要な接続詞を削りスムーズな文章にしましょう。とはいえ、実は接続詞もうまく使えば文章に品格を与えられます。例えば「したがって」などは論理的文章の雰囲気をもたらせます。やみくもに接続詞を削ればいいというわけではないのです。

接続詞だけじゃなく、冗長な表現も削除したから40字以上短くなったね

正しい文章例

A県における販売促進のために、同地に11月12日から3日間出張をした。なお、前泊のため11日の夜には現地入りしていた。翌日、現地担当者のAさんと落ち合い、打ち合わせをした。午後から県内のクライアントを回った。ところが当社の評判は必ずしもよくはなかった。3日間回った感触もよいとは言えなかった。それでもわが社のアフターサービスを支持する声もあり、救われた気もした。

逆接の接続詞が3つ続くところは、2つにまとめたわ

接続詞をうまく使うには

① 接続詞を気にせず書いてみる

② できた文を見て、削ったり言い回しを変えたりできるものを変えてみる

③ 削って違和感があるものは残すことをいとわない

接続詞はありすぎるのが常に悪い文とは限りません。接続詞を残すのも勇気です

08 | 削れる主語もある

主語―述語の関係が重要であると述べてきました。しかし、日本語の場合は主語を削ったほうが、リズムが出てくることがあるのです。

主語と述語による短文をベースにすべきだと解説してきました。しかし、日本語は主語がなくても通じる言語でもあります。発話者が最初から自明のときは、あえて主語を省いたほうがよい場合があるのです。例えば「私は朝7時に起きます。私の横にはぬいぐるみのクマがいます。私はクマに向かって『おはよう』と言います。そして私は部屋を出てお母さんに朝のあいさつをします。私は今日も頑張ろうという気になります。」という文章があるとします。

主語を省いてリズムをよくする

「私は」という主語が頻繁に出てきますし、さらに言えば「私の」という所有代名詞も気になります。無駄な主語が文章のリズムを邪魔しているのです。こうした表現を省けば、文章も短くなり、リズミカルに文章が続くことができるのです。先述の文章には「**共通の主語**」が存在します。共通の主語がある場合、いちいち主語を書かなくても短い文章でリズムよく内容を説明できます。文章を書く上で、いかに共通の主語を発見しそれを削っていくかによって、文章は劇的に変わるのです。

09 指示語を多用しない

文章を書く上で同じ単語が連続すると稚拙な印象を与えます。こうしたとき指示語を使えば解消できますが、多用するとまた問題になります。

「これ」や「それ」、「あれ」、「どれ」などの指示語は、その頭文字を取って「**こそあど言葉**」というのは周知の通りです。指示語は便利な表現です。同じ単語や長いフレーズが続く場合、「これ」や「それ」で代用することで文が短くなり、繰り返しを避けることができるからです。ところが便利だからといって多用すると、かえって幼稚な印象を与えます。加えて指示語が多すぎると何を指しているかわからなくなり、文意が伝わりにくくなります。

指示語を安易に使わない

3文からなるけど、すべてに指示語が入っているね

よくない文章例1
これによると売上は東北エリアで急激に上昇しています。これを受けて今後、東北限定商品の開発を進めていきたいと思います。これはさらに他の地域限定商品の開発を視野に入れたものになります。

よくない文章例2
ビジネス文書本はみな同じことしか言ってない。そういう言葉を聞いた。そのため安い本を買おうと思い、その本を選んだ。

これも指示語が3つも入っているね

例えば「こちらサイドとしましては、それで問題ありません。」という文は、事情を知らない人にとって何を言っているのかわかりません。具体的に「弊社としては、在庫品をすべて処分することで問題ありません。」と表現すべきです。また、前文とのつながりで、省略しても文意が通じる場合は、「製品不良の発生で在庫品すべて処分すべきというご提案をいただきました。弊社としても全面的に賛同いたします。」といった文章になります。安易に指示語を多用するのは避けましょう。

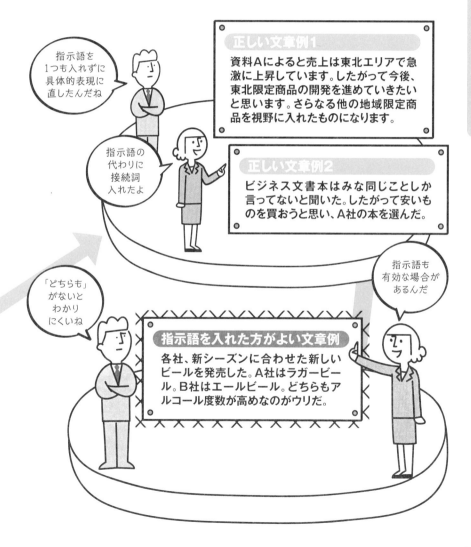

指示語を
1つも入れずに
具体的表現に
直したんだね

指示語の
代わりに
接続詞
入れたよ

正しい文章例1
資料Aによると売上は東北エリアで急激に上昇しています。したがって今後、東北限定商品の開発を進めていきたいと思います。さらなる他の地域限定商品を視野に入れたものになります。

正しい文章例2
ビジネス文書本はみな同じことしか言ってないと聞いた。したがって安いものを買おうと思い、A社の本を選んだ。

指示語も
有効な場合が
あるんだ

「どちらも」
がないと
わかり
にくいね

指示語を入れた方がよい文章例
各社、新シーズンに合わせた新しいビールを発売した。A社はラガービール。B社はエールビール。どちらもアルコール度数が高めなのがウリだ。

10 敬語の種類を おさらいしよう

敬語が苦手という人は多いものです。種類が多いこともあるのでしょう。
ここでは厳密には5種類ある敬語を3種類に限定して説明します。

　3つの敬語について解説しましょう。まず**尊敬語**です。これは書き手が相手を高めて使う表現です。尊敬語は3種類あります。「いらっしゃる」、「召し上がる」のような尊敬の意味を持つ動詞を使うものや、「お（ご）～になる」というもの、「～れる・られる」という尊敬の助動詞を動詞に加えるものです。最初の例では「いらっしゃる」、「おっしゃった」などです。また、「お」、「ご」をつけるものでは、「お帰りになる」、「ご覧になりましたか」などがあります。

敬語は大きく分けて3種類

敬語の種類一覧

これが敬語一覧です

敬語 ── 尊敬語 ── 尊敬の動詞❶／「お・ご～になる」❷／「～れる・～られる」❸

謙譲語 ── 謙譲の動詞❹／「お」を付ける❺

丁寧語 ── 「です」「ます」❻

謙譲語を謙譲語Ⅰと謙譲語Ⅱ、丁寧語を丁寧語と美化語に分けて5種類とする場合もあります

さらに「〜れる・られる」では「帰られた」、「亡くなられた」などがあります。次は**謙譲語**です。これは自分がへりくだることで相手を高める表現です。これも「伺う」、「申し上げる」、「参る」といった謙譲の意味を持つ動詞と、「お」をつけるものとがあります。前者の例は「お宅に伺う」、「申し上げる」などです。後者の例は「お目にかかれて幸いです」などです。最後に**丁寧語**。相手に対して丁寧に表現するもので、語尾に「です」、「ます」をつけます。例としては「夜は12時に寝ます」などです。

正しい敬語の例

❶「新任の部長がいらっしゃった」（来る）、
　「あなたのおっしゃることはわかりません」（言う）、
　「さあ召し上がれ」（食べる）、
　「何をなさるつもりですか」（する）
❷「あの方はいつもワインをお飲みになる」（飲む）、
　「この映画は皇族もご覧になったらしい」（見る）
❸「どの会社の入社試験を受けられますか」（受ける）、
　「いままでどこに行かれていたのですか」（行く）
❹「先生のご自宅に伺う」（行く）、
　「これから申し上げることに耳を傾けないでください」（言う）、
　「ひと目、お目にかかりたいと思っておりました」（見る）
❺「お会いできるのを楽しみにしております」（会う）、
　「お待ちしておりました、メーテル様」（待つ）
❻「好きな本は哲学書です」、「夕飯はコンビニ弁当にします」

②の「お」と「ご」の使い方は面倒だね

③の「れる」「られる」は可能や受け身の形と混同されやすいので要注意

②の「お」「ご」は、③の「れる」「られる」より敬意の度合いが高いのね

11 二重敬語に気をつける

敬意を表現しようと思うあまり、一語に敬語を2つ以上用いてしまう二重敬語があります。これでは慇懃無礼に聞こえてしまいます。

同時に2つの敬語を用いる二重敬語は、正しい日本語ではないため注意が必要です。二重敬語でもっとも多いのは尊敬語の複数使用。3種類の尊敬語を混ぜて使うものです。例えば「会長がおっしゃられた言葉」といった、「おっしゃる」と「られる」の2つの尊敬語が混じっているものや、「先生もご覧になられた」という表現です。これらには2つの尊敬語が混じっています。「れる」、「られる」はどんな動詞にもつきやすいため、尊敬語の動詞にもくっついてしまうのです。

二重敬語はかえって失礼

よくない文章例
① 「出張にはいついらっしゃられるのですか?」
② 「何の本をお読みになられているのですか?」
③ 「先生がお飲みになられたジュースを飲もうと信者が集まる」
④ 「先生がお話しになられた言葉を覚えております」
⑤ 「部長がお帰りになられる。タクシーを呼びなさい」
⑥ 「ご使用になられる際にはご注意ください」
⑦ 「近く参上させていただきます」
⑧ 「また伺わせていただいてもかまいませんか?」
⑨ 「プレゼントはとりあえず頂戴させていただきます」
⑩ 「関係者各位様」

たくさんあるね

二重敬語は難しいけれどコツを身につければ簡単

前述の2つは正しくは「会長がおっしゃった言葉」、「先生もご覧になった」という表現になります。また、謙譲語が複数重なるパターンもあります。「先生の新刊、拝見させていただきます」という例では「拝見」だけで謙譲語にもかかわらず、「させていただく」がつき二重敬語になっています。このほか役職に「様」をつけるのも二重敬語なので、「○○部長様」は失礼になります。ただし、二重敬語でも「お伺いする」「お召し上がりになる」のように慣用表現になっているものもあります。

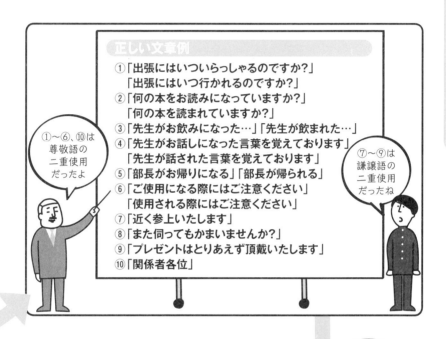

正しい文章例

① 「出張にはいついらっしゃるのですか?」
   「出張にはいつ行かれるのですか?」
② 「何の本をお読みになっていますか?」
   「何の本を読まれていますか?」
③ 「先生がお飲みになった…」「先生が飲まれた…」
④ 「先生がお話しになった言葉を覚えております」
   「先生が話された言葉を覚えております」
⑤ 「部長がお帰りになる」「部長が帰られる」
⑥ 「ご使用になる際にはご注意ください」
   「使用される際にはご注意ください」
⑦ 「近く参上いたします」
⑧ 「また伺ってもかまいませんか?」
⑨ 「プレゼントはとりあえず頂戴いたします」
⑩ 「関係者各位」

①～⑥、⑩は
尊敬語の
二重使用
だったよ

⑦～⑨は
謙譲語の
二重使用
だったね

もはや
尊敬している
のかさえ
わからないね

よくない文章例

・「お客様がお召し上がりになられる」
  →三重敬語。もちろん×
・「社長が直々に拝見なされた」
  →謙譲語+尊敬語。
  上げているのか下げているのかわかりません。
  これももちろん×
・「プレゼントを頂戴された」
  →これも謙譲語+尊敬語で×

12 敬語が省略できる場合もある

敬語は報告書などのビジネス文書では時に省略が可能です。客観性の高い学術的レポートや論文でも同様です。

敬語は敬意を表現する文章です。したがって人から人へ渡される手紙やメールなどでは、正しい敬語を使って表現すべきでしょう。しかし、読み手と書き手との関係性を重視しない文章では、敬語を省略したほうがよいことが多いのです。例えば各種事務処理のためのビジネス文書や、企画書や報告書といった一連の社内文書です。これらの文章でいちいちユーザーや読み手を意識して敬語を使ってはかえって冗長な印象を及ぼします。

敬語は使う相手を考える

常温でも溶けないアイスって何かね

ただの例文なので

よくない文章例(社内向け)

新商品を提案させていただきます。夏にぴったりのスイーツです。クレープ生地の間に常温でも溶けないアイスを挟み、冷蔵した状態でアイスとクレープとのマリアージュを楽しんでいただける逸品です。熱い生地に挟んだアイスが溶けやすいことをお嫌いになるお客様が、好んで召し上がれるために製造したものです。

そもそも社内企画書などでは文体も丁寧語である「です」、「ます」調ではなく、「だ」、「である」調に合わせるべきです。例えば「新商品を提案させていただきます。夏にぴったりのスイーツです。クレープ生地の間に常温でも溶けないアイスを挟み、冷蔵した状態でアイスとクレープとのマリアージュを楽しんでいただける逸品です。」という文章には違和感を覚えるでしょう。なお、敬語を使うべき手紙などでは扱う人によって**尊敬語のランク**があります。これも知っておきましょう。

13 | 重言表現に注意する

文章をうまく操る上でのNG表現をここまで紹介してきました。この中でも知らずに使ってしまうのが重言表現です。

重言表現とは、同じ意味の言葉や句を重ねて用いることです。重語表現（重ね言葉）または同義反復、同語反復、トートロジーとも言います。これが頻発する文章は幼稚なものになります。したがって重言表現は避けなければならないのですが、知らず知らずに使ってしまうのが怖いところです。例えば、ふとしたときに「頭痛で頭が痛い」、「あとで後悔した」、「馬から落馬した」、「過半数を超える」といった表現をうっかり使ってしまうことがあります。

しつこい文章に注意

よくない文章例

①得票は過半数を超えた
②彼にはっきり明言した
③チケットをあらかじめ予約する
④第一志望の会社から内定が決まる
⑤監督は決め手の切り札を出すつもりだ
⑥販促活動の最後の追い込みをかける
⑦発売されたばかりの車に乗車する
⑧その表現には違和感を感じた
⑨私は腰痛に悩む友人のために、腰痛の薬を用意した

人は念を入れたくなるものだね

強調したい気持ちもあるんだろうね

これらはすべて「頭痛だ」、「後悔した」、「落馬した」、「過半数に達する」で済むはずです。単純な文であれば、こうした誤りはすぐわかるのですが、複雑で長い一文などでは気づかず同じ単語を使ってしまうことすらあります。

しかし、重言表現はタイプも決まっており、言い替え表現を含めて一度覚えれば忘れません。熟語などに含まれている主語と動詞に注視しながら、日頃から正しい言葉づかいを身につけておくことも大切です。

正しい文章例

これだとすっきりするね

意外に長文だと気がつかない

①得票は過半数に達したor得票は半数を超えた
②彼に明言したor彼にはっきり言った
③チケットを予約するorあらかじめ伝える
④第一志望の会社から内定を受ける
⑤監督は切り札を出すつもりだ
⑥販促活動の追い込みをかける
⑦発売されたばかりの車に乗る
⑧その表現には違和感を覚えた
⑨私は腰痛に悩む友人ために、その薬を用意した

文中に同じ言葉が繰り返されるのも重言表現

特に⑨のパターンは要注意

注意が必要だね

14 比喩やたとえ話を使うメリット

より豊かな文章表現を用いるためには、比喩やたとえ話を使うことでさまざまな効果を上げることができます。どのように効果的なのでしょうか。

比喩とは「ある物事を別の物事に見立て、なぞらえること」です。比喩とたとえ話は適切に使えば、よい文章にするための武器になります。芸能人でも食レポで、比喩を用いるタレントがいます。これによってその味を捉えやすくなったり、その比喩表現だけでも面白く視聴者を魅了したりします。こうした比喩のメリットは主に以下の4つです。まず、1つ目に文を短くできることです。長文によって説明しなければならないことも、比喩を用いれば1つの単語で説明可能です。

比喩表現が持つ効果

比喩表現のない文章

① この料理はとても熱い
② 彼の計算はとても正確だ
③ 彼女のとても白い肌
④ 彼の人生は壮絶で波乱万丈だった
⑤ 激しいゲリラ豪雨
⑥ 彼女は僕の憧れの人だ
⑦ 彼女の赤く美しい唇
⑧ 時は非常に大事なものである
⑨ 専務は、表面はとぼけているが、実は腹黒い人だから何かやると思っていた
⑩ 人生は何が起きるか将来どうなるかまったく前もってわからないものだ

①〜⑧はシンプルな文だけど、⑨⑩は少しまどろっこしいね

これらを比喩表現に変えたのが右だよ

つまり「文章のぜい肉」を取るために便利といえるでしょう。次に、難解で複雑な内容を簡潔に説明できることです。難解な修飾語で飾り立てた表現も、身近な物事にたとえれば一気にわかりやすくなります。3つめに読み手がイメージしやすくなります。例えば「縦91㎜、横55㎜の大きさ」と言うより、「名刺の大きさ」と言ったほうがわかりやすいのではないでしょうか。最後に、比喩によってイメージが強調されます。「赤い唇」より「バラの唇」のほうが鮮明な印象を与えるはずです。

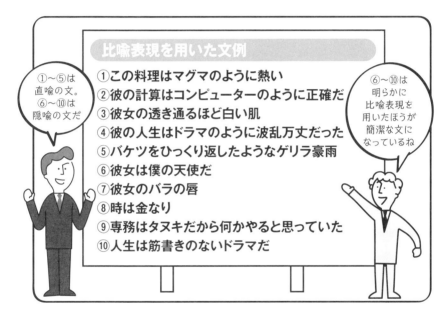

比喩表現を用いた文例

①〜⑤は直喩の文。⑥〜⑩は隠喩の文だ

⑥〜⑩は明らかに比喩表現を用いたほうが簡潔な文になっているね

①この料理はマグマのように熱い
②彼の計算はコンピューターのように正確だ
③彼女の透き通るほど白い肌
④彼の人生はドラマのように波乱万丈だった
⑤バケツをひっくり返したようなゲリラ豪雨
⑥彼女は僕の天使だ
⑦彼女のバラの唇
⑧時は金なり
⑨専務はタヌキだから何かやると思っていた
⑩人生は筋書きのないドラマだ

比喩表現のメリット

比喩表現にはさまざまなメリットがあるのです

1. 文を短くできる
2. 難解だったり複雑だったりする文を簡潔に説明できる
3. 読み手がイメージしやすくなる
4. イメージを強調できる

15 比喩の種類を覚える

比喩にはいくつかの種類があります。その中で重要なのは直喩と隠喩、擬人法の３つです。それぞれ使いこなせるようになりましょう。

比喩表現で使いやすいのは**直喩**です。直喩は「〜のような」や「まるで〜のようだ」という言葉を付けて表現する方法です。例えば「心が洗われるような景色」や「このアロマを使えばまるで森林の中にいるような気になる」といった表現です。**隠喩**は「〜のような」といった言葉がなく、「AはBだ」と断定口調で表現する比喩で、「恋は盲目だ」、「彼女は僕の天使だ」といった表現です。「恋」と「盲目」は本来イコールで結ばれるものではありませんし、「彼女」も「天使」ではありません。

さまざまな比喩表現

このようにイコールで結ばれないものを断定的に言い切るのです。したがって隠喩は直喩より鋭く、強い印象を与えます。的確な隠喩を使えば文章は各段にレベルアップします。ただ、共通点が周知されない表現では伝わらないので注意が必要です。最初に直喩で書いてみて、「〜のような」を削れる場合、隠喩にするというのも手です。最後に擬人法は、人間でないものを人間にたとえるものです。「小鳥が鳴く」を「小鳥が歌う」と表すものなどで、現象をいきいきと表現できます。

比喩表現のある文例

①ガラスのように繊細な心の青年（直喩）
①ガラスの心の青年（隠喩）
②暗闇の中に光がさすような出来事（直喩）
②暗闇の中に光がさす出来事（隠喩）
③彼は氷のように冷たい人間だ（直喩）
④光陰矢の如し（直喩）
⑤わが社で彼女は掃き溜めに鶴だ（隠喩）
⑥新社長は風見鶏だ（隠喩）
⑦彼はかごの鳥だ（隠喩）
⑧しょせん僕に彼女は高嶺の花だ（隠喩）
⑨空が泣いている（擬人法）
⑩ペンが走り、短時間で原稿を書き上げた（擬人法）

隠喩や擬人法を使うと文学的になるね

まどろっこしい表現も隠喩や擬人法を使うとひと言なんだね

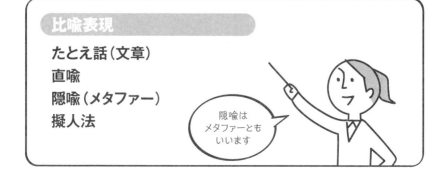

比喩表現

たとえ話（文章）
直喩
隠喩（メタファー）
擬人法

隠喩はメタファーともいいます

16 | 同じ語句を多用しない

短い文章の中に同じ言葉が何度も出てくると、うっとうしさを感じてしまいます。**語句の重複**は言い替えなどをしなければなりません。

短い段落の中に同じ言葉が頻繁に出てきたらどう思いますか。しつこく煩わしい気になりますよね。同時に文章的に稚拙な印象も持つはずです。

例えば「昨日、お父さんと一緒に遊園地に出かけた。遊園地は人でいっぱいで、お父さんの手を握っていろんなアトラクションに乗った。どのアトラクションでも遊園地は面白く、私もお父さんもアトラクションを乗り終えてから大笑いをした。」という小学生の作文があるとしましょう。

語句の重複を削りスマートな文章にする

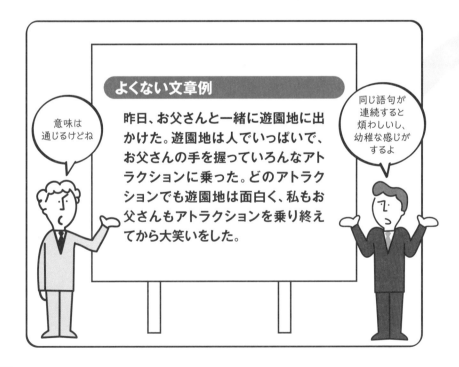

よくない文章例

昨日、お父さんと一緒に遊園地に出かけた。遊園地は人でいっぱいで、お父さんの手を握っていろんなアトラクションに乗った。どのアトラクションでも遊園地は面白く、私もお父さんもアトラクションを乗り終えてから大笑いをした。

意味は通じるけどね

同じ語句が連続すると煩わしいし、幼稚な感じがするよ

「お父さん」と「遊園地」「アトラクション」が100文字程度の文にともに3回ずつ出てきます。これを正すには「昨日、お父さんと一緒に遊園地に出かけた。園内は人でいっぱいで、お父さんの手を握ってさまざまなアトラクションに乗った。どれも面白く、乗り終えてから2人で大笑いした。」という、ほとんど重複のない簡潔な文章に変えられます。省略できるところは省略し、言い回しを変えられるところは変えましょう。これを身につければ、稚拙な文章を書くこともなくなります。

17 内容の重複に気をつける

言葉の重複に気をつけても、もっと大きな文意の重複があります。文意の重複はくどくなり、その他の重要な意味を書き込むスペースを妨げます。

言葉の重複は一見しただけでわかります。しかし、文章全体の内容の重複は、長いためよく文章を読まないと気づきません。例えば「市内大通りで車と車の衝突事故が起きました。この事故で、軽自動車に乗っていた女性と、対向車線に乗り上げてきた普通自動車に乗っていた男性が負傷しました。男性は、車同士の衝突事故だっただけに避けられなかったと主張。女性は、対向車線に乗り上げてきた車だけに衝突事故は避けられないと主張しました。」という文章があるとしましょう。

内容の重複を削り文章を整理する

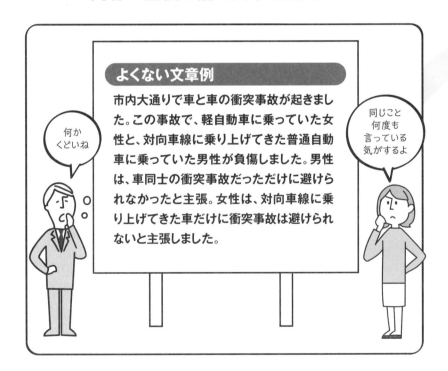

意味でも単語でもいくつかの重複が見受けられますが、流し読みすると文章全体の内容の重複に気づかず、見送ってしまう可能性があります。この文章を直すと「市内大通りで車同士の衝突事故が起きました。この事故で軽自動車に乗っていた女性と、普通自動車に乗っていた男性が負傷しました。男性の車は対向車線に乗り上げたとされ、ともに事故が不可避であると主張しています。」となるでしょう。内容や**意味の重複**を削除したら大幅に短くなり、内容もわかりやすくなるのです。

同じ内容を
まとめると
こうなるね

正しい文章例

市内大通りで車同士の衝突事故が起きました。この事故で軽自動車に乗っていた女性と、普通自動車に乗っていた男性が負傷しました。男性の車は対向車線に乗り上げたとされ、ともに事故が不可避であると主張しています。

だいぶ
読みやすく
なったわ

書き手の内容の重複は
自分の頭が混乱中であるサイン。
このような文章が出てきたら
真っ先に直すべき

内容も頭の中も
整理しましょう

よくある二重敬語のパターンと ありがちな重言表現

● 尊敬語の動詞＋尊敬の助動詞「れる」

誤用例① たくさん<u>召し上がら</u>れましたね。

　　　　「食べる」の尊敬語「召し上がる」　　尊敬の助動詞「れる」の連用形

修正例① たくさん<u>召し上がり</u>ましたね。

誤用例② 先生が出張からお<u>帰りになら</u>れる。

　　　　「帰る」の尊敬語「お帰りになる」　　尊敬の助動詞「れる」の終止形

修正例② 先生が出張から<u>お帰りになる</u>。

● 謙譲語の動詞＋謙譲語の補助動詞「（さ）せていただく」

誤用例③ 一度御社に<u>伺わ</u>せていただきます。

　　　　「行く」の謙譲語「伺う」　　謙譲語の補助動詞「せていただく」の連用形

修正例③ 一度御社に<u>伺い</u>ます。

誤用例④ おそれながら<u>申し上げ</u>させていただきます。

　　　　「言う」の謙譲語「申し上げる」　　謙譲語の補助動詞「させていただく」の連用形

修正例④ おそれながら<u>申し上げ</u>ます。

Point　「（さ）せていただく」は使役の助動詞「せる・させる」＋接続助詞「て」＋補助動詞「いただく」から構成されています。

- 一番最初に、まず最初に → 最初に

- 犯罪を犯す → 罪を犯す

- もう既に → 既に

- びっくり仰天する → びっくりする／仰天する

- 日本に来日する → 来日する／日本に来る

- アメリカに渡米する → 渡米する／アメリカに渡る

- はっきりと断言する → 断言する

- 炎天下の中で → 炎天下に

- 期待して待つ → 期待する

- 元旦の朝 → 元旦／元日の朝

- 挙式を挙げる → 挙式する／式を挙げる

- 春一番の風 → 春一番

- 色が変色する → 変色する／色が変わる

- 製造メーカー → メーカー／製造会社

- 雪辱をはらす → 雪辱を果たす／雪辱する

- 壮観な眺め → 壮観

- 被害を被る → 被害がある／被害に遭う

- 必ず必要 → 必要

- 不快感を感じる → 不快感を覚える／不快感を抱く

- 返事を返す → 返事する

- 満天の星空 → 満天の星

- 留守を守る → 留守を預かる

Chapter 3

文章の内容を
整理するための
ロジカルシンキング

わかりやすい文章は文章構造がしっかりとしています。
文章の内容を整理するための
ロジカルシンキングを身につけましょう。

01 文章の用途と読み手を意識する

文章は誰のために書くのでしょうか。日記なら自分がわかればいいですが、他に**読み手**がいる文章ならそのための配慮が必要です。

文章は誰が読み手であるか、どのような用途に使うかによって変わってきます。自分以外の読み手がいるときは、その読み手に伝わるように意識した内容を書かなくてはなりません。ビジネス文書にしても、自分が所属している業界内であれば、難解な専門語であっても説明を省いてもいいでしょう。ところが所属外の広い一般人を対象にして書くならば、専門語を説明するなどの配慮がないと読み手はついていけません。また、読み手によって用いる具体例も変わってきます。

文章の書き方チャート

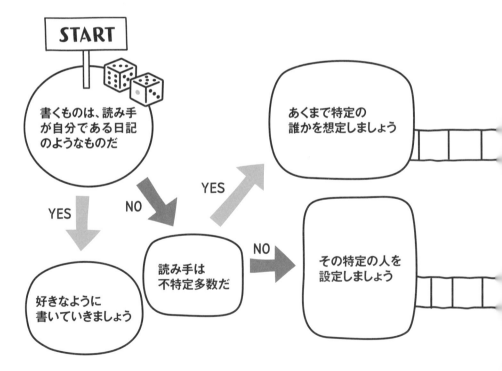

START

書くものは、読み手が自分である日記のようなものだ

YES → 好きなように書いていきましょう

NO → 読み手は不特定多数だ

YES → あくまで特定の誰かを想定しましょう

NO → その特定の人を設定しましょう

一方で読み手はできる限り詳しく設定するのが好ましいです。不特定多数に伝える文章であっても、特定の誰かを想定した方が書きやすく、文意も伝わりやすくなります。対象を広げた場合、説明や注釈ばかり多くなって全体がぼやけてしまいます。年齢、性別、職業など特定の誰かを設定しましょう。ビジネスパーソンを対象にするなら、担当者など特定の誰かを想定し、その人が満足できるものを書くべきです。そうすれば、読み手が読みやすく、賛同できるものを書くことができるのです。

たった1人の読み手を細かく想定して、その人にわかる言葉と具体例を書きましょう

その人以外の人にも通用するかを客観的にチェックしましょう

GOAL

その特定の人にわかる言葉と具体例を挙げましょう

その人が満足しそうな文であるかをチェックしましょう

確かに～

読み手によって文例が違うパターン
（誤植を指摘してくれた読者への返事）

a 子どもの場合
このたびは文字の誤りを知らせてくれてありがとう。おかげで正しい文章に直すことができます。これからもこの本を愛読してくださいね。

b 大人の場合
このたびは文章の誤植のご指摘ありがとうございます。複数の編集スタッフで文章を見ていますが、漏れが出てしまったようです。申し訳ありません。増刷時に修正いたします。取り急ぎ、お詫びと御礼のみにて失礼いたします。

02 文章の用途と読み手①
ビジネスメール&チャット

近年テレワークが進んだことにより、**ビジネスメール**に加え、**チャット**も多く用いられています。ともに読みやすい文章作成が重要です。

チャットはほぼリアルタイムで書かれていきます。このため文章もカジュアルになりがちで、「○○部○○課の○○と申します」といった自己紹介は不要とし、「お疲れ様です」といった挨拶も省略する企業が多くあります。逆にビジネスメールではそういった記述も必要になります。ともに共通するのは、まず結論を一番先に記載することです。前置きは省略して最も重要な要件を最初に書きましょう。次に結論に付随する理由や根拠、その後に具体例や補足状況を記します。

ビジネスシーンでのチャットの使い方

チャットでは相手の質問や意見も入ってくることがあります。「いつできますか？」の質問には「何月何日何時」と的確に答えましょう。またここでも主語と述語は近づけ、修飾語と被修飾語をできるだけ近づけるとわかりやすくなります。このほかビジネス文書で共通するのは依頼をする際、その理由を書いて表します。「○○のため、明日1時までに報告書をご提出お願いします」などです。また、命令口調を避け、「～していただけませんか」という疑問形に変えるなど工夫が必要です。

文章の用途と読み手②
企画書

ビジネスパーソンなら必ず体験するといっていいのが**企画書**作成です。
ただ漠然とつくるのではなく、企画実現のために書かなくてはなりません。

プレスリリース式の企画書という新しい企画書の書き方が広まっています。この企画書であれば、まずゴールを最初に提示することで、ゴールのイメージが決裁者に端的に理解できます。その内容は、まずタイトルとなるヘッドラインと、自社や顧客にどんなメリットがあるかをまとめたサブヘッドラインを書きます。続けて、商品概要・利点、解決する課題などを段落ごとに書いていくというものです。企画者の願望や社内事情を排除した、ユーザーファーストの情報が優先されます。

プレスリリースのつくり方

ヘッドライン
タイトルとなる企画の短い説明文

サブヘッドライン
企画が実現することで、誰がどんなメリットを得られるかを書く

商品概要・利点
初めに内容を言い切り、商品やサービスの概要を箇条書きなどで書く

まだ続きます

最後に余裕があれば企画者の個人的な思いを書いてもよいでしょう。いずれにしても外部からの視点を主にしているため、より現実的に企画に裁決者が向き合えるのです。この企画書はＡ４用紙１枚に収めます。また、プレスリリース式の文体に合わせる必要もなく、通常の企画書の体裁に合わせて書いても構いません。なおプレスリリース式にしたならば、もう１枚、よくある質問の資料を作成するのが望ましいです。それがあれば、疑問へのフォローがおおよそ可能になります。

他にもQ&Aなどの資料があると急な質問に対応できます

解決すべき課題
会社の背景を基にどんな問題があるかを書く

解決方法
課題に対してどう答えられるかを書く
余裕があるなら「担当者の熱意」や「お客様の声」などを入れる

企画書も5W1Hが重要
What:何を実現したいか
Why:実現する意義や理由
Who:企画内容の主体(Whom:誰に売り込むか)
When:いつ実行するか
Where:どこで実行するか
How:企画の実現のために必要な費用や具体的な方法

04 文章の用途と読み手③ プレゼン資料

プレゼン資料は特殊な文章です。読み手は現場で人の説明を聞きながら、一方でその資料を見るからです。それだけに書き手は注意が必要です。

プレゼン資料の文章作成で大事なのは最も訴えたいことが一目でわかることです。ありがちなのは官公庁の資料のような詰め込み過ぎのプレゼンです。たくさんの文章や表、グラフがスライドにあると、解読に必死になり、話を十分に聞き取ってもらえないということが起きます。これを防ぐために、最も訴えたいことは短い文章で記載しましょう。人間が直感的に知覚できる文字数は13文字以内といわれているので、それに収まるよう完結にまとめます。ここは文法よりインパクト重視です。

プレスリリースのつくり方

聞き手が共感できることを書きましょう。質問形式でもOK!

顧客が商品やサービスを購入することで得られるメリットです

① 導入（課題）

③ 提案（解決策）

その課題が生じる原因は何ですか？

② 原因

また、1画面の文字数も105文字以内にしましょう。この文字数を超えると読まれる確率が下がっていくといわれているからです。電車内の週刊誌の中吊り広告をイメージしてください。大きな文字を使い、13文字以下で見出しが書かれていると思います。また、主語—述語の関係も不要です。必要な単語が誤解のないように並んでいればよいのです。なお、プレゼン資料は、課題、原因、解決策、効果の順に書き説明していくのがよいです。スムーズにいけば本番での時間も短縮できるでしょう。

④ 提案の詳細

⑤ 根拠（効果）

最後に
もう一度、
プレゼンで最も
伝えたいことを
伝えましょう

⑥ まとめ&行動の喚起

親近効果！
最後の印象が
強く残り
やすいことを
活かしましょう

プレゼン資料のその他の留意点

キーワードは大きな字で13文字以内に。
1画面の文字数は105文字以内に。グラフはシンプルに。色を使わない

表の配置は「Zの法則」を意識する。人の目線は左から右へ、上から下へ動きがち。プレゼン資料もこの動線を基に書く

05 文章の用途と読み手④ SNS

若者を中心に高年齢層まで広まっている**SNS**。これを企業広告に利用しない手はありません。ここではインスタグラムを紹介します。

SNSといっても、現在多様な種類があります。企業広告に役立ちそうなものは、主にTwitter、Instagram、TikTok、YouTubeなどです。この中でも特に企業宣伝に使いやすいものとして、店舗や商品検索でも使われるInstagramを解説したいと思います。店舗運営や商品販売を行う人がInstagramを使用して企業宣伝を行う際には、映える写真とともに、ユーザーが求める情報を的確な検索ワードによって盛り込めるかが、新規フォロワーの獲得を左右します。

InstagramなどのSNSの活用方法

要点を最初に書く

写真の説明

Instagramというと写真メインのイメージがありますが、キャプションで的確な描写を行うことで、ユーザーに詳細な情報を伝えることも可能です。Instagramを使った企業宣伝のポイントは5つです。要点を最初にし、次に写真の説明を行います。その後、役立ちそうな情報を2200字まで盛り込みます。ここでも検索されそうなキーワードを入れます。次に交流を促すようなコメントを盛り込み、最後になるべく性質の違うハッシュタグを記し、多様な方面から検索されるようにします。

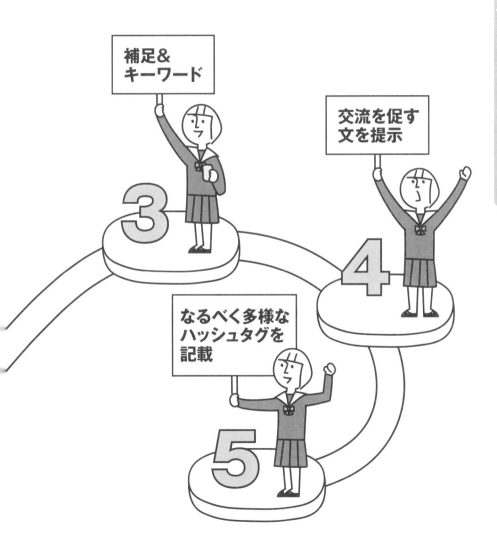

文章の用途と読み手⑤ 自己PR

ビジネス文書は多様ですが、就職や転職のために書く文書も重要です。
特にキャリアを持った人が転職時に書く**自己PR**は重要です。

転職が当たり前の時代です。転職時に必要な文書は職務経歴、自己PR、志望動機の３つです。職務経歴と自己PRは職務経歴書に、志望動機は履歴書に書くことが多いです。志望動機は、なぜ「その会社」なのかと、自分が入社したら何ができるかを書くだけです。一方、職務経歴書の書き方は多様なパターンがありますが、オーソドックスなのは最初に時系列順にどの職場に配属されどのような仕事をしたかを書きます。その際、またはその後に特筆すべき実績を書いていきましょう。

書類選考に残るための書類づくり

企業に応募する時に重要な文書は「職務履歴」「自己PR」「志望動機」です

相手に自身の強みが伝わるように具体的に書きましょう

職務履歴

箇条書きなどで業務内容をわかりやすく
アピールになる業績や行動は具体的に
実績や人数など、必ず数字を入れる

実績には「担当商品が業界シェア38％で1位になった」など、具体的な数字を明示したほうが説得力を増します。職務経歴書の実績をもとに自己PRを書きましょう。アピールできることを3つほどに分けます。それぞれに見出しをつけ、各150～200字程度で書きます。営業ならば業務遂行力と交渉力、マネジメント力です。20代の転職ならば前者1～2つだけでいいですが、40代になるとマネジメント力なども必要になります。これらを端的に表現すればよい結果に結びつくでしょう。

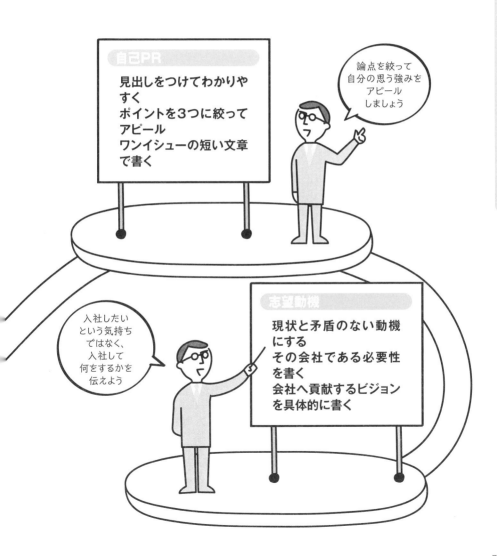

07 自分でもテーマを しっかり理解する

文章を書くとき、人に情報を伝えるときは、自分が最終的に何を目指しているか**テーマ**を理解していないと迷走することがあります。

目的がはっきりしていないと、他人に思ったように情報を伝えることができない場合があります。文書やメールで情報を伝えたいのであれば、あなた自身、最終目的のテーマをしっかり理解する必要があるのです。例えばある商品を紹介する文章を作成する場合、第1のテーマは、商品のスペックや特性、ビジュアル、発売日などの商品自体の基本的な紹介です。第2のテーマは、商品に興味を持ってもらうために新製品の発表イベントや商談会などの情報を伝えます。

文章のテーマを明確にしましょう

実際に商品に触れてもらう機会や、商品に関するフォロー体制などを紹介しましょう。
そして、第3のテーマですが、最大の目的は会社の売上を上げることです。つまり素晴らしい商品であると理解してもらって、購入してもらうことなのです。文章を書く場合にテーマを明確にするのは、地図で目的地を決めるのと同じです。目的地がわからない旅行は道に迷ってしまいますし、最短コースもわからなくなります。文書やメールを書く場合は、テーマを確認しながら作業を続けましょう。

文章を書くときのテーマは？

08

結論から先に述べて相手に ストレスなく理解してもらう

相手にストレスをかけず、文書を読み切るまえに興味を失わせないように、
結論から先に伝えるビジネス文書の原則を使いましょう。

読者によって文章の構成の形は違ってきますが、ビジネス文書や実用文では、結論から先に伝える「**アンサーファースト**」型が原則です。文章を読み進んでいくと、情報の重要度が下がっていく逆三角形の構図だと考えればよいでしょう。情報を1から提示して積み上げていく型は、相手に肝心なことが伝わるまで時間がかかるし、途中で興味を失わせてしまいます。巻末に、資料や備考の情報が添付されているビジネス文書を読んだ経験がある方もいるのではないでしょうか。

アンサーファーストにする

最初に目的地を伝えるアンサーファーストの文章だと、結論から理由、事実までのわかりやすい流れができ、相手の不安も解消されます。また書く側も、情報内容のテーマを絞り込むことができて執筆しやすい利点もあるのです。最も伝えたい商品タイトルやサービス名を冒頭に配置し、次にその内容や趣旨、続いて商品やサービスのスペック、流通や運用法などと、重要度を下げて書いていけば、ストレスなく論理的に理解してもらうことができるのです。

09 | 3段ピラミッド構造の構成で、 じっくりと読んでもらう

読者によって、文章の内容の構成法を変えましょう。**3段ピラミッド構造**の構成は、少しじっくりと読ませたいときに使います。

文書を、もう少しじっくりと読んでもらいたい場合には、内容を3段ピラミッド構造の構成にしてみましょう。1段目に「結論」、2段目に「根拠」、3段目に「事実」を積み上げて文章を構築しますが、内容が1段目から徐々に末広がりになることから、この構造を3段ピラミッド構造と呼びます。頂点にある結論は、当然、1つです。2段目の根拠は結論の理由で、3つか4つもあれば十分です。3段目の事実は2段目の根拠の裏付けですが、1つの根拠に対し、事実が1つか2つでよいでしょう。

論理は3段構造で！

あまりズラズラと列挙しても情報過多になって相手を惑わせてしまいます。また、文章の冒頭に「例えば」とつけると、信憑性と説得力が増します。いきなり結論から構築する必要はなく、考えやすい順番で構築して大丈夫です。仮に組み立ててみて、根拠と事実の項目で「○○だから」、「○○である」とスムーズに読み取れなかったら、パズルのように中身を入れ替えましょう。3段ピラミッド構造の文章のつくり方に慣れると、論理的思考法が身についていきます。

論理を3段ピラミッド構造で組み立てる

ピラミッドをつくるときは「結論」からつくっていく必要はありません

冒頭に「例えば」とつけて事実を挙げると説得力アップ！

結論 1段
アニメの海外進出大成功世界50カ国へ輸出

根拠 2段
成功予想の理由を挙げる

事実 3段
根拠の具体例は？

日本のマンガやアニメ独自の魅力
これまでの人気作が作った流通ルートの拡充
ネットなどで配信が簡単になった
世界的な海賊版撲滅活動

独自に進化した演出やデザインが世界に認知
日本アニメが各国の映画賞を獲り、商業的な信用度が上がった
インターネット配信専用の作品に、予算が回るようになった
知的財産の保護を世界の国々が法制化

10 文章をもっと読み込んでもらうための3段構成

論文や研究レポートなど、しっかりと読み込んでもらわないといけない文書は内容を理解してもらうために**3段構成**でまとめます。

文書の中には、もっと読み込んでもらわなければ、内容が伝わらないものもあります。入試や就職試験の小論文や研究レポート、学術的な論文などです。そうした文書は「序論」、「本論」、「結論」といった3段構成の内容にします。序論は導入部分を意味し、具体的な問題提起や論点を提示して、文章全体の大きな方向を示します。こうした論点は、テーマに沿って「どうすれば解決できるのか」、「何が必要なのか」といった疑問文を使うと簡単に明示できます。

読者がじっくり読んでくれる文章構成

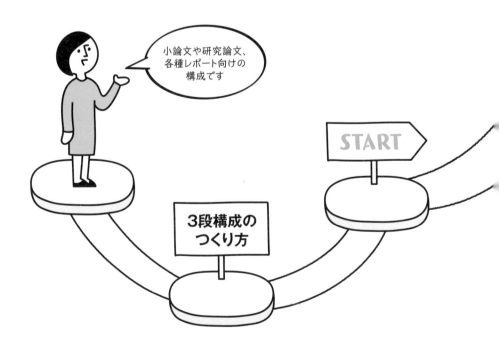

文章の書き手の動機にもあたる部分ですが、あくまで導入なので、書きすぎないようにしましょう。本論では、状況を羅列していくのではなく、「原因」、「結果」、「成功」、「失敗」、「現状」、「改善」といった対立軸を使ってテーマを多角的に分析していきます。最後の結論は、本論の分析で導き出された主張、結論を、序論の問題提起への答えとしてまとめる形にします。ただし、本論の分析を繰り返すのではなく、今後、どうすべきかを問う内容にまとめるのが最善です。

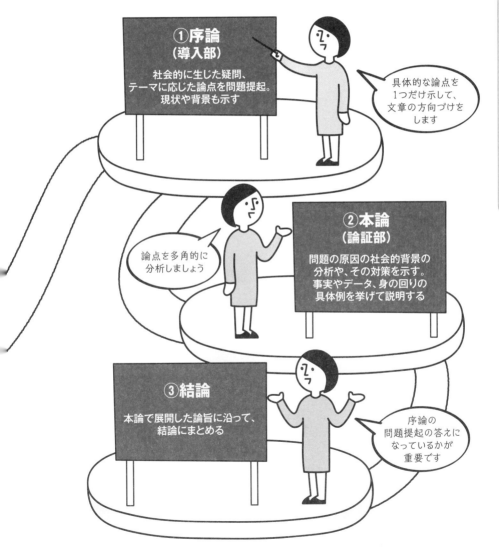

11 ストーリー性のある起承転結で読み手を引きつける

フィクションなどでは、読み手を引きつけるため、ストーリー性が重視された「起承転結」の4段構成が用いられます。

通常のビジネス文書や、論文などをじっくり読ませたいときに使う論述法の3段構成など、文章はケースバイケースで構成が変わります。たとえば、小説などのフィクションでは、「起」、「承」、「転」、「結」という4段構成が用いられます。起承転結の構成では読み手を引きつけるストーリー性が重視されます。そのため、フィクションばかりではなく、物語調のエッセイや事実を描くドキュメント、ニュースでもストーリー性を採用した起承転結が使われる場合は少なくありません。

目的別に構成を変えよう

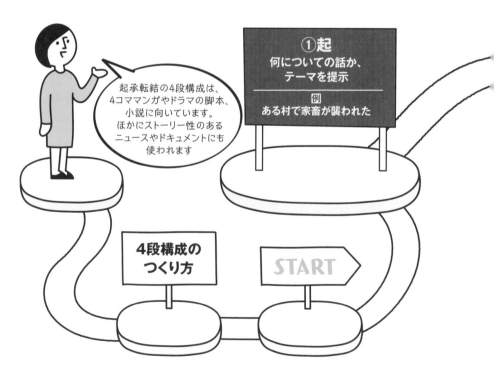

起承転結の4段構成は、4コマ漫画やドラマの脚本、小説に向いています。ほかにストーリー性のあるニュースやドキュメントにも使われます

①起
何についての話か、テーマを提示

例
ある村で家畜が襲われた

4段構成の
つくり方

START

「起」は物語の発端です。これから読んでもらう文章が何についての話か、どういう状況なのかを説明します。「承」は「起」でつくった流れを維持しながら発展させます。「転」は「起」、「承」の流れから物語を意外な方向に転じさせます。「結」は転じた物語に結論をつけて、物語を収束させます。この4段構成は、あくまでストーリーにこだわった論述法です。他にも起承を合体させた3段構成で、演劇などで使われる「序破急」という構成もあります。

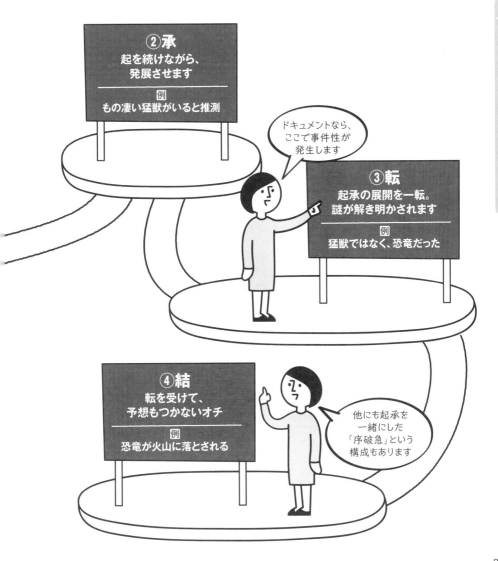

CRF法で説得力を上げ、短時間で反応を見る

最初に結論を示すアンサーファースト型の3段階のピラミッド構造「**CRF 法**」を使うと、文章の説得力が高まります。

文章の説得力を高めるために使う論法が、3段階のピラミッド構造で構築されるCRF法です。CRFとは結論（Conclusion）、理由（Reason）、事実（Fact）の3つの項目です。この論法はアンサーファースト型なので、「まず結論ですが……」と始めて、結論を1段目の頂点に置きます。2段目は「その理由は○○です」と理由や根拠、3段目に「実際のデータとしては……」として、理由を下支えする根拠や裏付けを配置し、理由に対して必ず事実を1つは用意しましょう。

文章の説得力を高めるCRF法

３段重ねで、自分が伝えたいことを説得力のある論理として伝えるのです。CRF法は最初に結論を出すため、短時間で相手の反応を見ることができます。特に聞き手や読者が情報を聞こうという前提が共有できているならば、とても効果的な論法です。しかし、効果的ではありますが、できあがった構成自体を批判的に見ることも大事です。結論の根本となる事実（Fact）をきちんと検証して、全体が論理的に間違いないか確かめてみなければなりません。

理由や事実の項目を増やしてピラミッドにする

主張や提案は1つに
絞っておきましょう

①結論
アンサー
ファーストで
結論を頂点に
配置

「A」という
アニメは
ヒットする！

ロジカルな
論法で主張を
補強しましょう

論拠を挙げて、
理由の正しさを
証明しましょう

②理由
根拠を2段目に置いて、
結論を支える

監督
デザイナー
原作
声優

③事実
最後に事実を配置して、
理由を裏付け

監督はヒット作連発
デザイナーは海外でも評価
原作はベストセラー
声優が人気
前作もヒット

13 SDS法でどうしても覚えてもらいたい内容を説明する

「詳細（Detail）」を「概要（Summary）」でサンドした**SDS法**を使うと、説明の大筋を記憶にとどめてもらいやすくなります。

最初と最後に、「概要（Summary）」を配置して、間に「詳細（Detail）」をはさむ論法がSDS法です。最初に全体の概要を提示するので、相手が話を理解しやすくなります。また詳細のストーリー性を強調して概要を補強することができるので、説明の大筋を記憶にとどめてもらいたいときに有効な手法なのです。最初に、説明する内容を1つに絞って「概要（Summary）」として配置します。その際、「要点は○○です」というフレーズで明確にしてもよいでしょう。

詳細を概要でサンドイッチ

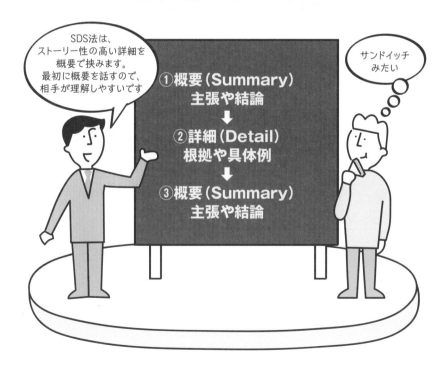

「詳細（Detail）は」と概要を細かく説明していきます。そのとき相手が最も知りたいであろう情報を中心に細かく説明していきます。最後の「概要（Summary）」では、「以上をまとめると○○となります」とまとめます。ただ、最後の概要の分量が多くなると、相手が覚えにくくなるので、情報を圧縮しておくことが重要です。認知心理学では、相手に情報を伝えるときは、序盤と終盤に伝えるのが効果的とされます。SDS法は、こうした心理学を利用した手法なのです。

概要だけでも相手に覚えてもらう

①
最初に説明する内容の
概要（Summary）を
1つに絞って伝える

フム

この企画の要点は
キャラクターです

②
説明内容の
詳細（Detail）を
伝える

なんだってー！

今回の
アニメは主役が
おじさんです！

③
説明内容の
概要（Summary）を
まとめる

期待
できる！

キャラの年齢を
上げることがヒットに
つながります

14 CRF法とSDS法の長所を ハイブリッドしたPREP法

シンプルに使え、使い勝手のよい**PREP法**は、会議やプレゼンなどの限られた時間の中で効果を発揮する基本の論法です。

ビジネスシーンでよく使われるPREP法は、結論「Point」で始まり、理由「Reason」を具体例「Example」で補強し、ふたたび結論「Point」に収束させる論法です。CRF法のように理由を具体例で広げていきますが、SDS法のように、最後にふたたび結論を持ってくるので結論が広がり過ぎることがありません。また逆にSDS法とは異なり、詳細（Detail）のストーリー性を重視しないので、会議やプレゼンテーション、報告などの限られた時間の場面でシンプルに使える基本の論法です。

ビジネスで使われる論法をハイブリッド

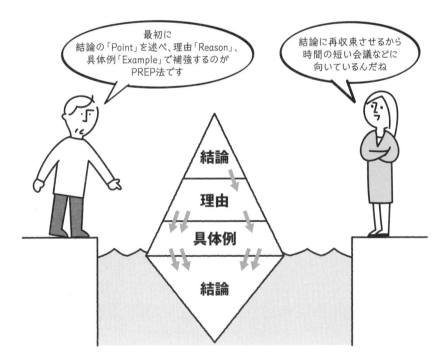

CRF法とSDS法の両方の長所を合わせた使い勝手のよいハイブリッド型なのです。まず結論を1つだけ伝えます。最後にも同じ結論を配置しますが、SDS法と同様、これで相手の記憶に残りやすくなるのです。次に結論の理由を配します。CRF法と同じく、客観的に判断できる材料を提示するのです。続いて理由のイメージが伝わる具体例を提示し、説得力を高めます。最後に結論に収束させますが、情報過多にならないように100字程度にまとめるようにしましょう。

概要だけでも相手に覚えてもらう

CRF法とSDS法の良いところを合わせたのがPREP法です。会議や報告で使える論法です

この本は出版すべきです

① 結論を伝える (Point)
④と同じ内容にして、相手の記憶に残す

読者から要望があるからです

② 理由を添える (Reason)
客観的に判断できる理由を提示

アンケートで希望が多数ありました

③ 具体例を出す (Example)
固有名詞で具体例を提示

この本を出版すべきです

④ 再度、結論を提示する (Point)
情報過多にならないようにシンプルに！

③で具体例を出しすぎると④の結論に収束しにくくなるので注意しましょう

15 結論の根拠となる理由のポイントを7つに絞る

理由の**ポイント**を7つ程度に絞ると、読み手も整理しやすくなります。そして書き手も論理的に文章を書くことができます。

読者のストレスが増すと理解度が低くなり、途中で投げ出してしまうこともあります。文章で結論を示したあと、その根拠となる理由を表す場合はポイントを絞ると相手に理解してもらいやすくなります。また、最初に数字を提示すると、読み手も全体像が想像できるので、不安なく内容を理解して、整理しやすくなります。ポイントは3つが好ましいですが、まずは7つから始めてみましょう。ポイントを絞る論法は、書き手にも利点があります。数を限定すると、おのずと取捨選択が行われます。

文章の根拠は絞る

論理的に整理して文章に取り組むことができるので、完成形の説得力が高まります。また伝えたい論点を自分の中でまとめ切れていなかった場合にも、その混乱部分を交通整理することができるのです。ポイントを7つに絞ると、自分自身も論理的に文章を書くことができるのです。ポイントを絞る論法をスピーチなどで使用するときも、理由は3つくらいにしましょう。口頭で伝える場合であっても、頭の中で簡単に整理して記憶にとどめることができる、シンプルな数が最適なのです。

文章で7つの根拠を示す

7つの根拠
① 猫好きのお客さんが多い
② 機敏な動作が会社のイメージに合う
③ しっかり自分の主張を持っていそう
④ 人懐っこいイメージ
⑤ 人に寄り添って癒してくれるイメージ
⑥ 夜でも見張ってくれそう
⑦ マスコットにしてもスキャンダルを起こさない

最初に「7つ」と数字を示すと、全体像が伝わり、相手も安心します

というわけです

よくわかったよ

混同しやすい
同音異義語

会う ………… 人と顔をあわせること。
合う ………… 2つ以上のものが、1つになること。
遭う ………… よくないものごとに出会ってしまうこと。

暑い ………… 気温が高いこと。
熱い ………… ものの温度が高いこと。または感情が激しいこと。
篤い ………… 病気の症状が重いこと。または信仰心が深いこと。

異義 ………… ある言葉が持つ意味とは異なる意味のこと。
異議 ………… ある考えとは異なる考えのこと。反対意見。
意義 ………… 言葉の意味。またはものごとの価値。

意志 ………… あることをやり遂げようとする意欲。
意思 ………… あることをしようと思うこと。「意志」よりも意欲が弱め。
遺志 ………… 亡くなった人が生前にやりたいと希望したこと。

異同 ………… 異なる部分。または違いのこと。
異動 ………… 役目や地位などが変わること。
移動 ………… 場所を変えること。

代える……… そのものが持つ役割をほかのもののかわりにすること。
変える……… 前と違う様子や状態にすること。
　　　　　　前と違う場所に移すこと。
換える……… ものを交換すること。「替える」とも書く。

感心 ……… 立派なことや行動に対して強く心を動かされること。
関心 ……… ものごとを知りたいと、強い興味をひかれること。
歓心 ……… うれしいと思う気持ち。人の機嫌をとることを「歓心を買う」という。

越える……… ある地点や時点の向こう側に行くこと。
超える……… 予定の数量や限界や限度を過ぎること。

最後 ………… ものごとが終わること。
最期 ………… 死ぬ間際のこと。

生長 ………… 植物が育つこと。
成長 ………… 人や動物が育つこと。

貯める……… 金品を集めてとっておくこと。
溜める……… 液体を一箇所に集めること。ただし、「ゴミ溜め」のように、
　　　　　　　いろいろなものを取っておく意味でも使われる。

努める……… 努力をすること。
務める……… 役目を受け持つこと。または役を演じること。
勤める……… 組織に所属して働くこと。毎日仕事をすること。

統括 ………… ばらばらのものを1つにまとめること。
統轄 ………… 人や組織を1つにまとめて取り仕切ること。

早い ………… 時刻や時期があるときよりも前であること。
速い ………… 時間がかからないこと。素早いこと。

不信 ………… 信用できないこと。
不振 ………… 勢いがないこと。
不審 ………… わからない点があり、疑わしく思うこと。

編成 ………… バラバラのものを、まとまりがあるものにすること。
編制 ………… 個々のものを、1つの組織として組み立てること。

柔らかい… しなやかで力を加えれば変形するが、もとの形にもどる
　　　　　　　時に使う。
軟らかい… 力を加えれば変形するが、もとの形にもどらない時に
　　　　　　　使う。金属に使うことが多い。

連係 ………… もの同士や人同士のつながりのこと。
連携 ………… 協力して一緒に行動をすること。

別れる……… 一緒だったものが別々になること。
分かれる… 1つのものが2つ以上になること。

Chapter 4

文章をわかりやすくする
テクニック

ロジカルに文章構造を構築したら、
さらに文章をわかりやすくしていきます。
文章をわかりやすくするさまざまなテクニックを学びましょう。

01 一文の基本単位である主語と述語を近くに置く

主語と述語のワンセットで成り立っているのが日本語の文章です。主語と述語の関係を見直すことでわかりやすい文章ができます。

日本語の文章は、主語と述語で成り立っています。一文の最小単位は「何が」という主語と、「どうした」という述語のワンセットで表されます。主語は、説明の主体になる言葉、述語は主語を受けて説明する行動や状態を表す言葉のことです。わかりやすい文章を書くためには、主語に対応している述語が必ずある状態を意味する**「一主語一述語」**を基本としましょう。反対に必要な主語を省略してしまった場合は、述語の意味がわかりにくくなってしまうので注意しましょう。

主語と述語はワンセット

一文をつくったとき、主語と述語が離れていると意味がわかりづらくなります。主語と述語はできるだけ近づけましょう。主語と述語の基本的な関係性を見直さないと、「私の希望はご飯を食べたいです。」のように主語と述語が対応していない「ねじれ文」になってしまいます。ねじれ文を解消するには、主語と述語を抜き出して直接並べ、スムーズにつながっているかを確認します。前述の例では「私の希望は」、「食べることです」と直せばよいとわかるでしょう。

ねじれ文を解消

文章の意味をはっきりさせるため 目的語をしっかりと説明する

主語にあたる人物が、「何を」どうしたのかを鮮明に説明するには、「目的語」をつけ加える必要があります。

文から主語と述語を抜き出して、直接並べると、基本的な文章の骨格がわかります。しかし、それだけでは主語にあたる人物が「何を」どうしたのかが、まったく不明です。目的語とは、動作やその対象になる行為を指す言葉で、「卵を」、「辞書を」、「ジュースに」という風に、語句の「何を」や「何に」にあたる部分を指します。その部分がわからないと、文章全体の意味が伝わらなくなってしまうので、文章を書く場合は、目的語をしっかりとつけ加えるよう意識しましょう。

目的語で内容を明確にする

例えば「僕は昨日テレビを独りで楽しんだ。」という文章の場合、主語は「僕は」、述語は「楽しんだ」です。もし、主語と述語だけを抜き出した「僕は楽しんだ」という文章を読まされたとしたら、多くの人がさらに説明を求めたくなるでしょう。そこで必要となるのが目的語にあたる「テレビを」です。この語句が加わるだけで、文章の要点が最低限確認できます。文章を書く際、具体的な目的語を追加することで内容に説得力が増し、状況を鮮明に説明できるようになるのです。

03 修飾語は被修飾語の そばに置く

目的語や述語を補助する「**修飾語**」で、説明をより明確にしましょう。
ただし、使いすぎると混乱を招くので注意が必要です。

主語や述語の内容を詳しく説明する語句を「修飾語」と呼びます。修飾語が説明
する語句は「**被修飾語**」になります。修飾語は目的語や述語を補助し、より明確に
する効果を持ちます。具体的に書くと「赤い花」なら、「赤い」が修飾語で、「花」
が被修飾語になります。ただ、このように修飾語が少ない場合は意味を読み違えるこ
とはほとんどありませんが、文章が複雑な長文となるにつれ修飾語が増えてくると、当然、
内容がわかりにくくなります。

修飾語と被修飾語を近づけて説明

単純明快な文章を目指すなら、修飾語は必要最小限にとどめるべきでしょう。もし、修飾語が文章にとって必要なら、読みやすくするルールを設けてから使います。例えば、修飾する語句と修飾される語句をできるだけ近づけることが挙げられます。これにより修飾語が別々の述語にかからず混乱しにくくなるでしょう。もし、一文の中に修飾語が多く入るときは、文章を短いセンテンスに分け、句点「。」で2つに分けます。そうすると、一文がシンプルになり、読みやすくなるのです。

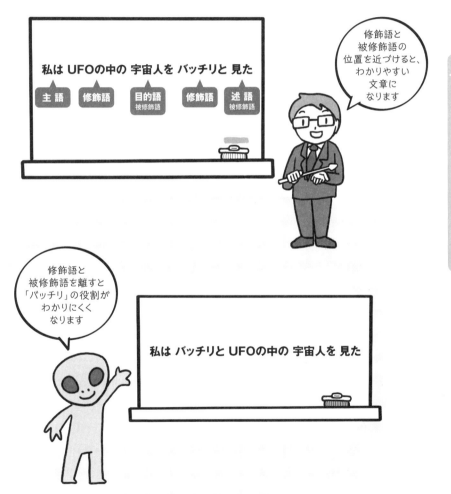

04 適度な改行を小まめに行って、読みやすい文章をつくる

段落がなく、長い文章は、読む気が起こらなくなります。読みやすいように段落をこまめに変え、読者を引きつける文章をつくりましょう。

改行がなく、長い一文が続く文章もあります。こうした文章は、「内容の切れ目がわからない」、「文字が詰まりすぎている」、「読んでいて息をつく場所がわからない」という理由で、途中で読みたくなくなってしまいます。文章に改行は必要なのです。文章はルールに沿って改行することで読みやすくできます。ルールの一例を挙げると、「書き出しは1字下げる（ウェブやSNSは下げない）」、「段落をつける」「改行後も1字下げる（ウェブやSNSは下げない）」などです。

改行がない文章は読みづらい

長い文章は改行して、段落に分けることで読みやすくなります。段落は小まめに変えましょう

改行がなく、長い文章は…

・内容が変わる切れ目がわからない
・文字が詰まりすぎに見える
・途中で息をつくところがなく、疲れる

このルールを前提に、どういう箇所で改行したらよいのでしょうか。最も基本的なのが、「段落をつける」ということです。段落とは同じ内容の文章のまとまりを指します。つまり、内容が変わるところで改行すればよいのです。また、同じ段落でも5行程度、文字数にして200文字程度を目安に改行すると読みやすくなります。

一方、パソコンやスマホなどのデジタルツールでは、読者の集中力がもっと低くなるので2～3行で改行することを意識しましょう。

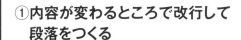
どこで改行すべきか?

①内容が変わるところで改行して段落をつくる

考え方のかたまりをつくる。その過程で、書き手との呼吸が合うと、読者は引きこまれる

内容の変わり目と文章の長さが改行の目安です

②5～6行の文が続いたら改行

内容が変わらなくても、一文が長い場合は、5～6行で改行。文字数にすると、200～250文字ほど

デジタルの改行ルールは雑誌や本とは違います

③ブログやSNSは2～3行で改行

パソコンやスマートフォン向けの文章は、2～3行で改行すると読みやすい

KEY WORD → ✓品詞

05 列挙する語句の品詞を統一して、しっくりくる文章をつくる

一文に並ぶ言葉の中に、名詞や形容詞など、いろいろな品詞が混じってしまうと不自然な文章になってしまうので気をつけましょう。

文章の中に出てくる複数の単語の品詞が揃（そろ）っていないと、不自然です。品詞とは、名詞や動詞、形容詞などの分類のことです。例えば、人をほめるとき、「美しい」、「優しい」、「強い」といった言葉を使いますが、これらを並べて「彼女の魅力は美しいし、優しさ、強いところの3つだ」とすると、しっくりこない読後感になります。これを直すなら、「彼女は美しいし、優しいし、強いので魅力的だ」、「彼女の魅力は、美しいところ、優しいところ、強いところ、の3つ」になります。

読みやすいように品詞を揃えよう

前者はほめ言葉の品詞を形容詞で、後者は「ところ」を語尾につけて品詞を名詞にしています。考えた内容を文章にするとき、意図して変化をつける場合以外は列挙する関連性の強い語句の品詞を揃えることに注意を払いましょう。一文に形容詞と名詞を混在させて品詞が混じり合ってしまうと、雑然として読みにくく感じられます。もし、違う品詞が混在している場合は、自分で読み返し、ひとつひとつを見直してみると、すんなりと頭に入ってくる文章が出来上がるでしょう。

僕が本気になれば、
女の子にモテモテになり、
プレゼントはたくさんもらえる、
好感度アップになります。

本気になった結果の語尾に動詞と名詞が混ざっているので読みにくくなっています

一文中に関連情報を並べるときは、品詞を揃えましょう

動詞で揃える

僕が本気になれば、女の子にモテモテになる、プレゼントはたくさんもらえる、好感度がアップするという結果になります。

名詞で揃える

僕が本気になれば、女の子の人気獲得、プレゼント多数獲得、好感度も獲得という結果が得られます。

06 読点を正しく使って内容を明確にし、誤解を防ぐ

読点は文章に区切りをつけ、意味を明確にし、内容にリズムをつくります。わかりやすい文章において、読点は重要な役割を持っているのです。

文章の読み間違いや誤解を少なくするためには、読点「、」の使い方を再考する方法があります。読点の基本の使い方は8つです。①「文の切れ目に打つ」、②「修飾する文章が長い場合に打って、文を分ける」、③「言葉を列挙するとき、対等になるように打つ」、④「接続詞、逆説の助詞の後に打つ」、⑤「挿入された語句の前後に打つ」、⑥「引用を示す「と」の前に打つ」、⑦「感動詞や呼びかけの後に打つ」、⑧「修飾する語句とされる語句の関連を明確にするために打つ」です。

読点で意味を伝える

また、読点の打ち方によって行動の主体をはっきりさせることができたり、語句を強調できたりします。基本的には文章のリズムに沿って読点を打つと読みやすい文章となりますが、まるで息継ぎをするように単語やフレーズごとに打ってしまうと、かえって途切れ途切れの読みづらい文章になってしまいます。打つ場所を理解し、内容が伝わるようにしましょう。どうしても読点が多くなってしまう場合は表現を変えて、読点がなくても誤解を生みづらい文章にしましょう。

07

一般の人がわからない専門用語を多用してはいけない

専門用語は一般の読者には理解してもらえません。文章では専門用語を避けるか、その意味をきちんと説明するかが大事になります。

特定の分野に詳しい専門家は、自分が使っている専門用語が、一般の人には通じないことを忘れてしまいがちです。例えば科学業界、経済業界、政治業界では、各業界の人間にしかわからないようなさまざまな難しい言葉が使われています。しかし、専門家がテレビに登場し、難しい語句を交えて話すと視聴者に理解されないので、言葉の意味がテロップで表示される場合があります。こうした例は専門分野だけでなく、特定の世代だけで通じる流行語も同じです。

専門用語は専門知識が必要

同様にわかりやすい文章を書くには、誰もが知っていると限らない専門用語や業界用語を使うことを、できるだけ避けるか、用語の説明をすることが大事です。書く側が自らテロップを入れることで、読む側の「知識」を揃え、文章内容の理解を深めるのです。そのとき、説明の中に難しい用語が含まれてしまうと、余計にわかりにくくなってしまいます。専門用語や説明でも使われる難解な用語、言葉は、誰でも理解できるようにかみ砕いてから使うことが大切なのです。

専門用語は用語解説とセットに

極力専門用語を使わないようにしたいですが、専門用語を使いたい場合は用語を解説しましょう

例文1
専門用語をそのまま使用

K-Pg境界の時期には、大量絶滅が発生した。

恐竜に興味がなくてもわかるね！

例文2
専門用語を解説

約6550万年前の中生代白亜紀と新生代古第三紀の境目であるK-Pg境界の時期に、恐竜やアンモナイトの大量絶滅が発生した。

わかりやすくなった！

08 難解な熟語を、誰にでもわかる ように翻訳することが重要

不特定多数の読者を想定したときには、文章で使う言葉は、難しい**熟語**ではなく、日常的、一般的に使われる語句に翻訳しましょう。

さまざまな人たちが読む文章を書く場合は、その中で使う語句を日常的、一般的に使われる言葉に置き換えたほうが、わかりやすいものになります。難しい熟語を選んで使うと、内容が重厚になったような気もしますが、実際には言いたいことがほとんど伝わっていないのです。文章の内容を伝えたければ、難解な言葉を誰にでもわかるように翻訳するのが重要です。しかし、なんでも簡単にすればよいわけではありません。言葉の難しさのレベルは人によって違います。

難しい言葉は置き換える

そこで参考にしたいのが、中学生が理解できる程度の内容を基準にするという考え方です。義務教育で教わる熟語を使った文章であれば、たいていの内容は伝わるはずです。このとき役立つのが、同じ意味を持つ言葉をまとめた「類語辞典」です。類語辞典は、決して難しいものではありません。文章を書く場合など、難しい熟語を簡単なものに置き換えるのに、とても便利な言葉のカタログです。また通常の辞書にも、「類語」の項目があるので注目してみましょう。

外来語は誰もが わかるものだけにする

高齢者や若年層をも含めた層に向けた文章では、取り残される読者をつくらないよう、理解できるような日本語を使うようにしましょう。

自社内や業界内、自分の周りのコミュニティで普通に使っているカタカナ語が、すべての人に通じるわけではありません。文章の途中に知らないカタカナ語が出てくると、読解ができなくなる場合があります。テレビやファッションなど、すでに日本で一般化している**外来語**以外の目新しいカタカナ語は、できるだけ使わず、読み手に合わせて日本語に置き換えましょう。近年、仕事環境が国際化した影響か、ビジネス用語にもカタカナ語が増えてきました。

カタカナ語は日本語に置き換える

「コンセンサス（合意）」、「メソッド（方法）」、「ボトルネック（円滑な工程の妨げとなる要素）」など、いろいろな語句が当たり前のようにメディアに登場しています。また、コロナ禍以降は、医療用語やパソコンに関するカタカナ語も増加しました。そうした言葉を文章中に頻繁に使うと、意味がわからずに取り残される読者が出てきます。高齢者や若年層をも含めた不特定多数に向けた文章では、カタカナ語ではなく、理解できるような日本語を使うように心がけましょう。

コロナ禍以降、目新しいカタカナ語がたくさん登場しました

業界や世代で通じる言葉は、すべての人に伝わるわけではありません。TPOを考えてできるだけ日本語に置き換えましょう

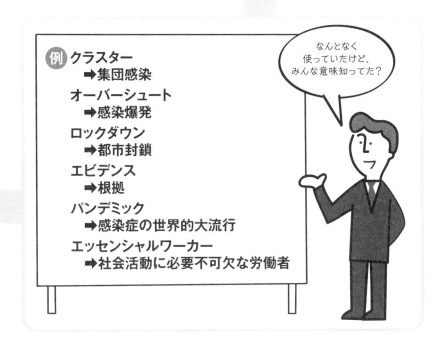

なんとなく使っていたけど、みんな意味知ってた？

例 **クラスター**
➡**集団感染**

オーバーシュート
➡**感染爆発**

ロックダウン
➡**都市封鎖**

エビデンス
➡**根拠**

パンデミック
➡**感染症の世界的大流行**

エッセンシャルワーカー
➡**社会活動に必要不可欠な労働者**

117

漢字の使いすぎに注意する

漢字が多いと読者がストレスを感じます。漢字を使わないと意味が通らない場合など以外は、必要最小限にとどめましょう。

文章中の「漢字」と「ひらがな」の割合を変えると、読む人に与える印象を変えることができます。漢字が50%を超えると読者が「堅苦しい」とストレスを感じます。反対にひらがなが多すぎると幼児的に感じてしまいます。漢字でないと意味が通じなかったり、ひらがなが続いて読みにくかったりしてしまう場合以外、漢字は必要最小限しか使わないようにしましょう。「事」、「物」、「時」、「即ち」といった文章で頻繁に使う言葉は、ひらがなのほうがよいでしょう。

理想は漢字3:ひらがな7の割合

漢字より
ひらがなを多くすると、
親しみやすい
印象になります

漢字使用率が
50%を超えると、
読みにくいので
要注意

漢字が多い
堅い印象で
内容がわかりにくい

漢字が少ない
やわらかく、
内容がわかりやすい

漢字を使うときの原則として参考にしたいのが、文部科学省のウェブサイトにある「常用漢字表」です。この表にある漢字は文部科学省が一般的に使用できるというお墨付きを与えています。また、意識したいのは、文章を読んでもらう対象の読者や時と場所、場合の「TPO」です。漢字とひらがなの比率に明確なルールはありませんが、理想的なバランスは「漢字：ひらがな＝3：7（または2：8）」で、この割合を意識すると読者の心理的負担が減少するといえるでしょう。

常用漢字を基準にしよう

例文1▶ 漢字を使い過ぎると、
大変、読み辛い文章になって
仕舞う事が有ります

改善

例文2▶ 漢字を使いすぎると、
たいへん、読みづらい文章に
なってしまうことがあります

漢字を使うときのルールは
「常用漢字表」に掲載されていない
漢字は使わないこと。
文化庁のウェブサイトで
確認しましょう！

漢字2〜3割、
ひらがな7〜8割が
ベストなバランスです

11 固有名詞を示す

文章中の**固有名詞**や、こそあど言葉を具体化して内容の情報を明確にすると、誤解を生まない文章が完成します。

わかりやすい文章とは、内容の情報が明確になっているものです。文章中の固有名詞を具体化すると情報の正確性が高まり、誤解を生まない文章ができます。相手になにかを頼むときは、依頼する内容や条件を明確にしないといけません。少しでもカン違いを生じさせる可能性がある場合は、より固有名詞の具体性を高めるように意識しましょう。ビジネス用の依頼メールを書くときも、「画像」は何の画像か、「カタログ」は何のカタログか、「書類」はどんな書類かを明示することが重要です。

固有名詞を具体化する

固有名詞を具体化して情報の正確性を高めましょう

例文1のように首をかしげてしまう文章はNGです

例文1▶商品の画像を送ります

↓改善

例文2▶A社の商品の画像を送ります

↓改善

例文3▶A社の玩具「ロボットくん」の画像を送ります

このほかにも人名や地名、会社名、役職名、商品名、作品名、プロジェクト名など、固有名詞を明確にしなければならない情報は少なくありません。また、日時や期日をはっきりと記述することは、文章の読みやすさはもちろん、間違いや失敗を回避するための基本的な注意点です。また、「これ」「あれ」「それ」といった指示語である「こそあど言葉」を文章中に使う場合も、文章をわかりやすくする場合は、具体的な固有名詞へと置き換えるようにします。

固有名詞でミスを防ぐ

相手に勘違いさせてしまう可能性があるときは、固有名詞を具体化させるよう気をつけます

固有名詞には、人名や会社名、場所、日時、商品など、正確性が重要な情報があります

例文A ▶ 書類をプリントアウトしてください

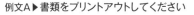 改善

例文B ▶ 7月1日の会議で使う企画書をプリントアウトしてください

例文C ▶ 弊社の者が
11時にお迎えに上がります

 改善

例文D ▶ 弊社の〇〇が
11時に新幹線ホームまで
お迎えに上がります

12 比較や範囲を提示する

文章では、扱う事象をほかと**比較**することで、正確な情報を分析できます。
また内容の**範囲**を示すことでも背景を明示できます。

文章の中で「A」という内容を表す場合、それ単体では一般知識との違いがわかり
づらいことがあります。そんなときは類似した他の「B」と「比較」することで、違い
や程度の差などがわかりやすくなります。比較によって、差を明確にすることで正確な
情報や裏側にある真相が分析できるのです。仕事や作業の情報は、比較の連続と
いえるでしょう。ほかにも、会議の報告書などで討議した議題のうち、決定事項と持
ち越しになった未決定事項を両方載せるのも比較の一種です。

比較で情報を正確にする

決定事項が決まった経緯だけでなく、未決定事項がなぜ先送りになった説明を記録すると、状況への理解度が高まります。また、「A」という内容が関係する「範囲」を示すことでも情報の正確性を高められます。Aとはどんな規模に属するのか、どの場所で起こった事象か、どんな日時の出来事なのかを明確にすることで、内容の背景をはっきりと伝えられるのです。こうした比較や範囲を使いこなすと、わかりやすく説得力がある文章を書くことができます。

範囲を示し正確性を上げる

13 抽象的な内容を具体例と セットにすると説得力が上がる

イメージの「抽象」と事実を伝える「具体」の両方をよいバランスで使うと、読者が理解しやすくなる文章になります。

人に理解してもらいやすい文章は、イメージを伝えやすい**抽象的**な表現と事実を伝える**具体例**の両方がよいバランスで使われているものです。例えば「素敵な」、「カッコいい」、「クールな」といった表現は、イメージを伝えるには便利な言葉ですが、正確さはありません。なぜなら。これらの表現は人によって思い描くイメージが違うからです。もしデザインに関することならば、「素敵」、「カッコいい」、「クール」というイメージをどのような部分から感じるかを具体的に書きましょう。

抽象的と具体的をセットで使う

わかりやすい文章は「抽象」と「具体」の両方を使って書きます

具体的な説明を添えて抽象的な内容を具体的にしていきます

例文1 ▶ 今風とは違う方向で、クールなロボットデザインに仕上げてください。

改善

例文2 ▶ レトロな雰囲気で、ブリキ玩具のような、クールなロボットデザインに仕上げてください。

「パステルカラー」、「中世ヨーロッパのような」など、抽象的な表現を具体的にしていくほど、万人に伝わりやすい文章になっていきます。普段、何気なく使ってしまう「好評」や「理想的」といった言葉も抽象的です。好評ならば、売上やアクセス数など具体的な数字を記すべきでしょう。理想を述べるのなら、文化的背景や、なぜ理想的かの理由を記します。抽象的な表現と具体例の両方を使うことで、内容の説得力が上がり、読者が理解しやすくなる文章が完成するのです。

言葉から受ける印象はさまざま

クール、リアル、シュール、ポップ、ファンシーなどの抽象的な言葉で思い描くイメージは人によってさまざまです

レトロな雰囲気で、ブリキ玩具のような、クールなロボットデザインに仕上げてください。

ブリキ玩具のようなレトロな雰囲気があり、幅広い年齢層の視聴者にアピールできるようなかわいらしさを持つロボットデザインに仕上げてください。

これなら評価、判断が下しやすい文章になりました

14 事実と意見を明確にして、文章の正確性を高める

自分が「事実」と考えていることは「意見」ではないのか。両者をしっかりと区別して誤解の原因を解消しましょう。

文章の中で「事実」と「意見」の違いが読者にわかりづらいと、誤解やトラブルの原因となります。事実と意見を混同しやすい人ほど、主観や憶測が入りやすい傾向があります。また自分では事実だと思い込んでいることも、実は誰かの考えを反映した「意見」である場合や、事実をもとに主観を盛り込んだ意見となってしまっている場合もあります。文章の内容が事実か意見かを見極めるため、批判的思考である「クリティカル・シンキング」を意識しましょう。

事実と意見は違う

「自分が事実と考えていることは本当か」、「記録の裏付けは確認したか。定義は正しいか」、「あやふやな理論は使っていないか」、「過剰な表現を使っていないか」、「思い込みではないのか」自分の文章に対し、常に以上の疑問を持つようにしましょう。例えば、「面白い」や「おいしい」という表現は、それに対する具体例がなければ、あくまで主観的な表現です。その度合いを明確にしたいのであれば、アンケートなどの票数やパーセンテージといった客観的、具体的な数値を入れるべきです。

15　必要なことをぼかすと文章の説得力が低下する

文章の**語尾**で結論をぼかした文章は自信がないように読め、文章全体の説得力が下がります。はっきりと「肯定」と「否定」を示しましょう。

文章の説得力を上げるには、断言しなければならない部分で文章の語尾をぼかさないことです。語尾が「かもしれない」や「可能性がある」、「思います」、「気がします」といった歯切れの悪い表現で終わってしまうと、文章全体の信憑性に疑問が出てしまいます。必要なことは、きちんと断定しましょう。報告書やレポートでは、裏付けの取れた「事実」が必要になります。語尾をぼかすと主観的な「感想文」と同じになってしまい、文章の価値が下がってしまいます。

必要なことは断定する

例えば、日本の車を売り込みたい時に「日本の車は、高品質だと思います。ですから戦略次第で、海外でも売れる可能性が高いのではないでしょうか。」と書いてしまうと説得力が欠けてしまいます。そこは「日本の車は高品質です。ですから戦略次第で、海外でも売れるはずです。」と断言することで、文章のテーマを分かりやすく伝えることができます。「〜です」、「で決まります」、「〜できません」など、必要な部分では、はっきりと「肯定」や「否定」を示しましょう。

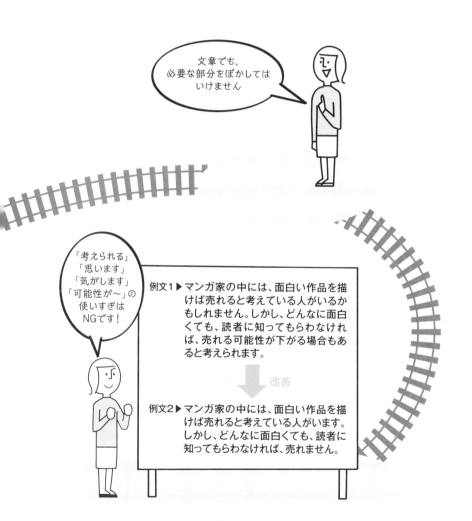

文章でも、
必要な部分をぼかしては
いけません

「考えられる」
「思います」
「気がします」
「可能性が〜」の
使いすぎは
NGです！

例文1▶マンガ家の中には、面白い作品を描けば売れると考えている人がいるかもしれません。しかし、どんなに面白くても、読者に知ってもらわなければ、売れる可能性が下がる場合もあると考えられます。

改善

例文2▶マンガ家の中には、面白い作品を描けば売れると考えている人がいます。しかし、どんなに面白くても、読者に知ってもらわなければ、売れません。

16 関係性をはっきりさせると 誤解からのトラブルを解消できる

文章の誤読の原因の1つに、固有名詞同士の**関係性**がわかりにくいことが挙げられます。情報を補ってハッキリさせましょう。

文章に出てくる固有名詞同士の関係性がわかりにくいと、その解読に労力を割かれ、テーマ自体の理解にまで頭が回らなくなります。また、不要な誤解も招きやすくなり、トラブルのもとになってしまいます。読者には「誰？」、「何が？」などの疑問を持たれないようにしなければなりません。文章内に登場する人名や性別、社名、それぞれのつながりなどを具体的にするだけでなく、「彼」、「彼女」といった語句が誰を指すのかも、情報を補ってはっきりさせましょう。

関係がハッキリすると文章の謎が解ける！

もし、書いているのがミステリー小説なら、家系図や相関図を使って多数登場するキャラクターを整理し、理論的に事件の謎に迫る作劇に使えますし、反対に意図的に文章を混乱させる書き方で読者をミスリードする「著述トリック」にも使えますが、関係性がわかりやすい文章を目指している場合には致命的な欠陥でしかありません。また、誰が誰に何をしたのかも明確にしましょう。関係性を明確にすることは、文章の誤読を生じさせない、最も効果的な方法なのです。

17 同じ情報は1カ所にまとめる

いろいろな情報が入った文章では、同じ分野の話はできるだけ1カ所に
まとめて書くと、読みやすくなります。

1つの文章の中にいろいろな話が入っている場合、同じ分野の情報は1カ所にまと
めて書くようにしましょう。たとえ、内容の論理が破綻してなかったり、文法が乱れてい
たりしなくても、バラバラに書かれてしまうと、読者が注意散漫になってしまいます。例
えば、お気に入りの店と、その周辺の地域の話を書くことがあったとします。図の例文
1は、店の品ぞろえに関する話題が、冒頭と最後に分かれ、店員やBGMの話題が
その間に挟まっています。

同じ情報はまとめる

132

思いつくまま、さまざまな情報を混ぜこぜにしていくと、読者が内容の整理をできずにストレスを感じてしまいます。店内の話と店外の話を区別し、１カ所にまとめると情報の印象が強くなるだけでなく、さらに読みやすくなります。店員やBGMの話題から入り、続いて重要な品ぞろえの話題を最後にまとめて、店外の話を最後につけ加えるかたちに構成したのが、例文２です。このように**同じ情報**を１カ所にまとめて書くと、重要な内容が頭の中に入ってきやすくなるのです。

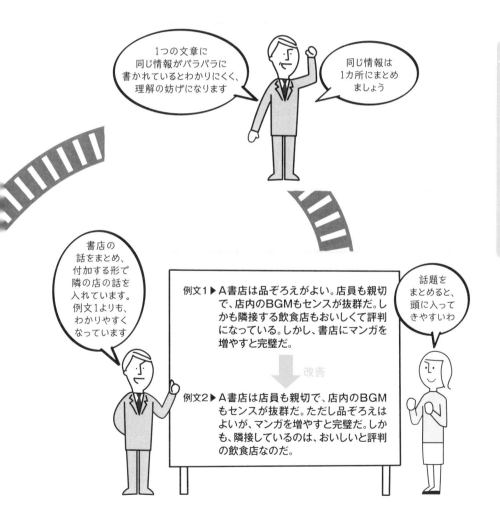

1つの文章に同じ情報がバラバラに書かれているとわかりにくく、理解の妨げになります

同じ情報は1カ所にまとめましょう

書店の話をまとめ、付加する形で隣の店の話を入れています。例文1よりも、わかりやすくなっています

話題をまとめると、頭に入ってきやすいわ

例文1▶A書店は品ぞろえがよい。店員も親切で、店内のBGMもセンスが抜群だ。しかも隣接する飲食店もおいしくて評判になっている。しかし、書店にマンガを増やすと完璧だ。

改善

例文2▶A書店は店員も親切で、店内のBGMもセンスが抜群だ。ただし品ぞろえはよいが、マンガを増やすと完璧だ。しかも、隣接しているのは、おいしいと評判の飲食店なのだ。

18 文章の内容をわかりやすく示す「見出し」にこだわる

文章内容の見本ともいえる**見出し**は、読者を引きつけるだけでなく、書き手側もテーマの方向づけや構成を検討することができます。

雑誌や書籍、ウェブ記事には見出しがついていて、そのわかりやすさで、売れ行きが変わったりします。「見出し」は文章の顔です。そこには「何が書いてあるか」の見本が示されています。そのため、文章を書いたときには一緒にこだわった見出しを考えてみましょう。記事全体のテーマを表す大きな見出しを「大見出し」、文章の冒頭や区切りごとに入る見出しを「中見出し」、「小見出し」と呼びます。見出しを考える場合は、最初に「仮」のものをつけてみます。

見出しで魅せる

仮の見出しで書く文章のテーマの方向づけや構成を検討することができます。また、文章内に仮の見出しと同じような言い回しを使うと、見出しの意味が出てきます。文章が完成したら、仮の見出しが内容と合っているかどうかを再検討しましょう。文章を書いているうちに仮の見出しからズレていたら、見出しのほうを修正します。文中の一番のフレーズを引用する形でもよいでしょう。このとき不必要な語数をカットしてシンプルにすると、ますますインパクトが大きくなります。

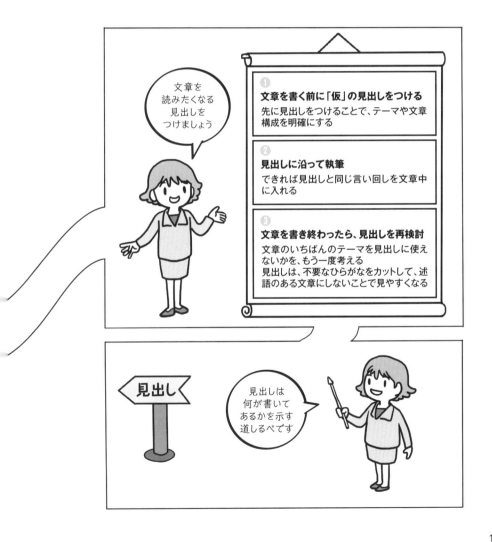

箇条書きやナンバリングという整理方法を活用する

たくさんの情報を文章に入れるときは、整理のため**ナンバリング**や**箇条書き**をし、読者の理解を促します。

文章中に、たくさんの情報を入れ込む場合、それらを整理せずにダラダラ書いてしまうと、わかりにくい文章が出来上がってしまいます。そうしたときは、読者が情報を理解しやすいように「箇条書き」を使います。箇条書きは項目をつなげずに書いていく方法で、連絡や報告、依頼など、あらゆる文章に使えます。ただし、便利な箇条書きの文章をつくろうとすると、それなりのコツが必要になります。また、文頭に数字を振る「ナンバリング」という方法も情報の整理に向いています。

情報を整理する「箇条書き」を使う

まず、箇条書きの前にリストが何を意味しているのか、リストの内容に沿ったタイトルをつける必要があります。タイトルには数を「3点」、「5点」と前掲しましょう。また、箇条書きの並べ方も、ただ列記するのではなく、時系列順や重要順にナンバリングすると相手にスムーズに伝わり、読み漏らしや誤読を避けることができます。ただし、メールやチャットで文書を書く場合は、項目は5点以内に抑えましょう。デジタルツールでは、長い情報は敬遠されてしまうからです。

箇条書きの前には、何をいくつ、お願いするのか、アナウンスが必要になります

例文1

本日、お願いしたいのはキッチン作業です。つきましては以下の3点の作業を行って下さい。

1.キッチンの清掃 調理器具の清掃
2.買い物
　（ベーコンエッグ用材料 付け合わせの野菜）
3.調理（ベーコンエッグ 付け合わせ）

例文では1〜3の番号と作業の内容を記載 作業内容を時系列で書くとスムーズに伝わる

こうした箇条書きのスタイルは、企画書や要望書など、重要な文書をつくる場合に威力を発揮します

はい、どうぞ

やった！

日本語に言い換えたい
ビジネスシーンのカタカナ語

アカウンタビリティー ⇒ 説明の義務、責任
アグリー ⇒ 同意する、支持する
アサイン ⇒ 割り当てる、任命する
アジェンダ ⇒ (プロジェクトの)進行計画
アセット ⇒ 資産、財産、ビジネス上の強み
アテンド ⇒ (来客などの)案内、接待
アライアンス ⇒ 提携
イシュー ⇒ 論点、課題、問題
イニシアチブ ⇒ 主導権
インセンティブ ⇒ 成果報酬、報奨金
エビデンス ⇒ 根拠、(証拠となる)記録
キャパシティ ⇒ 収容能力、容量、定員
コア・コンピタス ⇒ (競合他社を上回っている)強み、独自性
コミットメント ⇒ 約束、責任を持つ
コンセンサス ⇒ (関係者の)合意、同意
コンプライアンス ⇒ 法令順守
サステナビリティ ⇒ 持続可能性
サマリー ⇒ 要約
シナジー ⇒ 相乗効果
シュリンク ⇒ (市場の)縮小
スキーム ⇒ 事業計画
スクリーニング ⇒ 審査、選考
ステークホルダー ⇒ (企業にとっての)利害関係者
スペック ⇒ 仕様書
ソリューション ⇒ 問題解決の手段、手法
タイト ⇒ (スケジュールや予算に)余裕がない
ダイバーシティ ⇒ 多様性

デフォルメ　誇張、対象を変形して表現すること

ナレッジ　（付加価値のある)知識、情報

ネゴシエーション　交渉、折衝

ニッチ　市場の隙間

パートナーシップ　協力関係

バイアス　偏見、先入観

バジェット　予算案、(決まった用途のある)経費

バッファ　余力、ゆとり

パラダイム　認識の枠組み

ハレーション　周囲への(悪い)影響

パラドックス　逆説

フィックス　最終決定する

フェーズ　（変化する)局面、段階

プライオリティ　優先度、優先順位

ブラッシュアップ　品質の向上

プレゼンス　存在感、影響力

プロパー　正式な　生え抜きの社員、正社員

ベネフィット　利益、恩恵

ペンディング　保留

マージン　利ざや、仲介手数料

マイノリティ　少数派

マジョリティ　多数派

マター　担当、問題

マネタイズ　収益化

メソッド　方法、方式

モラルハザード　倫理の欠如

ユニバーサルサービス　全国均質サービス

リーク　漏洩、暴露

リソース　経営資源

リテラシー　知識、教養

レギュレーション　規則、規定

レジュメ　要約、履歴書

レスポンス　返事、応答

Chapter 5

文章をよりよくする
文法知識

わかりやすい文章が書ければ、
多くの人に伝わる文章になるはずです。
しかし、人を引きつける文章を書くには
より詳しい文法知識があったほうがよいです。

01 主語の「は」と「が」の違い

主語を表す助詞に「は」と「が」があります。この2つを上手に使い分けることで、簡潔でわかりやすい文章ができます。

「は」と「が」は、主に主語を表す場合に使われる助詞で、その性質には明確な違いがあります。「僕はカブトムシを捕まえた。」という文では、**客観的**で穏やかな印象を与えます。「僕がカブトムシを捕まえた。」という文では、事象や現象を表す文章の主語について、「カブトムシを捕まえたのは僕だけ」のような印象を与え、動作主体が際立つ働きをします。このように「は」と「が」をうまく使い分ければ、表現の幅が増えて、より簡潔でわかりやすい文章が書けるようになります。

使い分ければ文章が明解に

それでは「は」と「が」の用法例をもう少し詳しく見ていきましょう。「私が仕事をしていると課長はコーヒーをいれてくれた。」という文では、「が」はすぐ近くの述語に結びつき、「は」は文全体や文末に係る性質を持ちます。また、「宇宙人が現れた。」の「が」は、「未知」の状況を示しています。「が」は、未知の存在である宇宙人という対象を強く指し示しています。そして、「宇宙人は帰っていった。」となると、すでに既知の存在になっていた宇宙人を穏やかに示しています。このように、未知と既知の使い分けでも「は」と「が」は活躍します。

「は」は必ず主語になるとは限らない

多くの場合、名詞の前に「は」がついていると主語になります。でも、中には「は」を主語以外で使用するケースがあるのです。

「は」が名詞の前についている場合、その名詞はほとんど主語になります。しかし、例外的な用法も存在します。「おばあちゃんは優しい。」という文章は、「おばあちゃん」が主語で「は」が助詞、「優しい」が述語になります。では、「おばあちゃんはお手玉が上手だ。」ではどうでしょう。この場合は、「お手玉」が主語で「が」が助詞、「上手だ」が述語となります。そして「おばあちゃん」は、主語ではなく「**主題**」になります。主題は、その文章のテーマを表しています。

主語と主題の違いを理解しよう

他の用例も見てみましょう。「今日は夕陽が美しい。」では、「夕陽」が主語です。「夕陽が美しい」が筆者の語りたい部分であり、「今日は」は主題としてその前提を表しています。「明日」でも「昨日」でもない「今日」の「夕陽」です。最初の例文も「おばあちゃんは」という主題があるので「お母さん」や「お姉ちゃん」ではダメなわけです。「チーターは足が速い。」でも「足が」が主語です。このように、主題を表す「は」もありますので、使い分けを覚えておきましょう。

① おばあちゃんは優しい
　　　主語

② おばあちゃんはお手玉が上手
　　　主題　　　　主語

今日は夕陽が美しい
　　　　　主語

チーターは足が速い
　　　　　主語

①の場合は主語だけど②では主題なのよ

ほらね〜

本当だ…「は」がついても主語じゃないんだ

主題を示している文を書くときは後半の述語の部分で説明してあるか確かめてね

145

03 主語以外を示す「が」「を」「の」の関係性

格助詞の「が」は、主語として用いられるだけではありません。「を」や「の」と置き換えるとニュアンスが変わる場合もあるのです。

「が」は、格助詞として、主語について現象や描写を表す文をつくります。でも、それだけではありません。目的語につく格助詞「を」と同じように用いられる場合や、**主格**を表す「の」と置き換え可能になるケースも存在します。まず、「僕が王様だ。」は「が」が「王様」に対する主語の関わりを強く表しており、置き換えはできません。しかし、「私はお酒が飲みたい。」の場合、主語は「私」、「お酒」は目的語となり、「が」は目的を強調する役割を果たします。

「が」が置き換わるポイントは?

私が王様だ
└ 主語

主語じゃない「が」を探しに行こう

これは主語みたいね

「が」は、主語以外を示す名詞に用いるケースもあるわけです。では、「私はお酒を飲みたい。」と言い換えるとどうでしょう。「を」は、より強い意志を目的語に働かせる際に用います。「この人を好き」と「この人が好き」の場合、「私は」という主語が省略されており、置き換えるとニュアンスが変わります。しかし、「海がきれいな場所へ行こう。」と「海のきれいな場所へ行こう。」の場合、「が」が「の」に入れ替わっても、意味やニュアンスに変化はありません。

04 動作から見る 「で」と「に」の違い

「で」と「に」も用法が似ているので混用することが多々あります。それぞれの特性をつかんで、正しく活用していきましょう。

格助詞である「に」と「で」は、どちらも場所を示す場合に使用するため、間違えやすいといえます。「で」は「にて」から中世以降に変化したといわれています。「有楽町にて会いましょう」は「有楽町で会いましょう」に置き換え可能です。しかし、「東京で野球の試合を見る」は「東京に」に置き換えることはできません。逆に「東京に好きな球団がある」の場合は「東京で」に置き換えはできません。**動作**や作用に関係する場所を示す際は「で」、**居場所**を示す際は「に」が適切です。

動作や作用との関わりで分類

今度は「ニューヨークまで飛行機で行く」です。「で」は交通手段である「飛行機」を用いてニューヨークへ行くことを表します。「飛行機に乗ってニューヨークへ行く」では「乗る」という動詞の帰着点や動作の及ぼす方向を示しています。次は「レストランは9時までで閉店した」です。「で」が「に」に入れ替わっても大きな違いはないように見えますが、「9時までで」は9時ちょうど閉店と取れますが「9時までに」では9時より前の段階で閉店していたことになるのです。

05 位置から見る 「に」と「を」の違い

「に」と「を」は明確に使い方が異なります。「に」は**帰着点**、「を」は経過や**出発点**を示すほか、さまざまな使い分けが存在します。

格助詞の「に」と「を」は、用法を間違えると意味が通じなくなることがあります。「汽車がトンネルに入る」と「汽車がトンネルを抜ける」の場合、「トンネルに入る」はトンネルという帰着点に入り、主語である汽車が落ち着いた状態を示しています。一方、「トンネルを抜ける」はトンネルが経路を表しており、汽車がどこかへ行く途中であることを示しています。「に」は帰着点を、「を」は経過や出発点をそれぞれ表す役割を担っているので、しっかり使い分けていきましょう。

使い分けのニュアンスを理解する

❶は帰着点ね

❷は出発というより経過かな

❶汽車がトンネルに入る
❷汽車がトンネルを抜ける

「母に求める」と「母を求める」ではどうでしょう。どちらも間違いではありませんが、母に対する目的が変わっています。「母に求める」は「母に（○○を）求める」といった母に「お小遣い」など、何かを要求する形になります。「母を求める」は母そのものが主体となっているので意味が変わってきます。今度は「山に登ると素晴らしい景色だった」と「山を登ると素晴らしい景色だった」を比べてみます。ここでは山が帰着点になっていますから出発点である「を」は間違いです。

06 方向を示す「に」と「へ」の違い

「に」と「へ」の活用はとても似ている上、入れ替えても大丈夫なケースもあります。どんな場合が入れ替えNGか確かめましょう。

格助詞である「に」と「へ」もまた、使い分けに頭を悩ませるケースがあります。どちらも**場所**や**動作の方向**を示す性質があります。「会社に向かう」、「学校に着いた」、「先生に手紙を書く」は、それぞれ動作の方向、帰結点、相手を表しています。これを「会社へ向かう」、「学校へ着いた」、「先生へ手紙を書く」と、それぞれ「に」と「へ」を入れ替えた場合でも文章として間違いでなく、意味も変わりません。これが「に」と「へ」を同時に使える例です。

場所や動作以外の活用もある

しかし、「夜の8時に迎えにいきます」、「会議のデータは左のフォルダにある」、を「夜の8時へ迎えにいきます」、「会議のデータは左のフォルダへある」とした場合、しっくりきません。前者は「夜の8時」という時間を、後者は「左のフォルダ」という場所を示したいだけで、動作の方向は関係ありません。また、「東京へあるスカイツリー」と「病院へいるおじいちゃん」も不自然です。「いる」、「ある」の前に入るのは「に」が適切です。「へ」では置き換えられない文章があることがわかるでしょう。

関係性から見る「に」と「と」の違い

「に」と「と」も似た性質を持っていますが、それぞれの互換できない
ケースをしっかり理解すれば使い分けも楽になります。

「に」と「と」も役割に共通性が多い格助詞です。しかし、それぞれ互換ができな
いケースがありますが、その傾向を理解していけば、使い分けで悩むこともなくなります。
「A君と話す」と「A君に話す」では、前者は自分とA君がともに「話す」という相
互作用を表しています。この場合の「と」は、**双方向**を示しているわけです。後者
は私がA君に対して一方的に話しています。いわば一方通行の動作を表しています。
この場合の「に」は、**一方向**の行為を示しているのです。

方向感覚がポイントになる

❶A君と話す　A君

❷A君に話す　A君

❶は相互作用で
❷は一方通行の
動作になる

「上司と相談する」、「上司に相談する」も同様です。前者は相互に問題を解決する意思が感じられ、後者は上司に対して何かを聞いてもらうニュアンスです。さらに、「B子と婚約する」と「B子に婚約する」の場合、後者は明らかに違和感があります。婚約は双方向の意思によるものだからです。しかし、「B子にプロポーズする」となると、プロポーズは自身の一方向の行動のため、問題ありません。このように、双方向と一方向を理解することが、使い分けのポイントになります。

08 | 並列表現の「と」と「や」の違い

並列助詞の代表である「と」と「や」には、明確な役割分担があります。
正確に使い分けなければ、誤解を招く文章になりかねません。

並列助詞とは、対等な関係にある言葉について、並行して物事が進行するさまや、事物を並べて説明する助詞をいいます。「と」と「や」はその代表ですが、それぞれ違いがあります。「動物園にはライオンとゾウとサルがいた」と「動物園にはライオンやゾウやサルがいた」の場合、「ライオンと」だとその動物園には3種類の動物しかいないという意味に取られます。「ライオンや」だと、3種類以外にも動物がいると読み手は考えます。「と」と「や」では示す意味が異なるのです。

並列と対比でそれぞれ異なる

「と」と「に」の並列表現の違い

次は並列助詞「とか」を使ってみます。「お歳暮にはハムとか送ろうか」と言うと、送るものはハムではなくても構いません。金額や種類が同じくらいの代替品も考えられます。並列助詞「に」には、両者の取り合わせと相性から結びつきを強くするケースがあります。「猫にカツオ節」や「割れ鍋にとじ蓋」などが主な例として挙げられるでしょう。対比の働きの「と」は「に」と似ていますが、大きな違いを際立たせる場合に使われます。「まるで大人と子どもだ」、「アメとムチ」といった**並列表現**が一般に知られています。

09 「～たり」の原則を守る

誤用の多い接続助詞である「～たり」は、原則的に繰り返す必要があります。用例を見て正しい活用方法を覚えましょう。

接続助詞の「～たり」は、同じ動作を並べて表す際、それぞれの動詞のうしろにつけます。「行ったり来たり」などの対語を使って同じ種類の行為や動作を示すのが原則となっているので、2つ目以降の「たり」を省略することはできません。「飲んだり歌って」という例を見ればわかりますが、片方の動詞に「～たり」がないと、表現としてしっくりこないのがわかるのではないでしょうか。したがって、「飲んだり歌って」は間違いで「飲んだり歌ったり」が正解となります。

くり返す対象に気をつけよう

また、「〜たり」は、動詞の数だけ**列挙**することができるのも特徴です。「野球選手は打ったり投げたり大変だ」では「〜たり」は2個ですが、「野球選手は打ったり投げたり守ったり大変だ」では3個使用していますが違和感はありません。なお、例外的なケースもあります。なお、読み手がイメージして理解できる場合では「〜たり」を繰り返さずに使うことができます。「寝坊したりしないでください」の場合では「〜たり」は1個ですが、言わんとしていることは伝わります。

「さ入れ言葉」の防ぎかた

会話や文章の中でつい余分な「さ」を入れたりしていませんか。表現の混乱を招く「さ入れ言葉」を防ぐために構造を理解しましょう。

「楽しまさせていただいている」という、丁寧に見える文章には何か違和感を覚えると思います。それは、「さ入れ言葉」が原因です。「さ入れ言葉」は、文章の中に不要な「さ」を入れてしまうことです。こんな間違いが起こってしまう要因の1つ目は、五段動詞の「払う」、「伺う」、「泊まる」と使役の助動詞「せる」、「させる」の関係です。五段動詞と「する」などの**サ変動詞**の未然形には助動詞「せる」がつきます。「払わせる」、「伺わせる」、「泊まらせる」、「させる」です。

余分な「さ」を入れないためには?

①代金を払わさせてください

②お見舞いに伺わさせていただきました

③妻の実家に泊まらさせてもらった

なんかしっくりこない

何がおかしいのかしら？みんなギクシャクしているわ

それ以外の下一段、上一段、カ変動詞には「させる」がつくことから誤用が頻発します。要因の2つ目は、動詞の「させる」です。誰かに何かをさせるという使役表現は「〜させる」となるので、誤用が起きるのです。つまり「代金を払わさせてください」、「お見舞いに伺わさせていただきました」、「妻の実家に泊まらさせてもらった」は「代金を払わせてください」、「お見舞いに伺わせていただきました」、「妻の実家に泊まらせてもらった」が正しいのです。

要因・その1

五段動詞
「払う」「伺う」「泊まる」と
「する」などのサ変動詞の
未然形に助動詞の「せる」が
つくために混乱が起こる

要因・その2

使役を示す
「〜(を)させる」といった
表現では「さ」が入った
形が多いため、
そのまま残してしまう

そういうことか
「さ」には
気をつけないと

言葉が
混乱しなければ意思も
しっかり伝わって
いくのね

正解は…

①代金を払わせて
　ください

②お見舞いに伺わせて
　いただきました

③妻の実家に
　泊まらせてもらった

助詞で判断する「する」と「させる」の違い

自動詞の「する」と他動詞の「させる」も用法に悩む典型です。この場合、助詞をうまく活用することですっきり表現できます。

サ変の**自動詞**である「する」には、物事を実行する、または、行動を進めるという意味がありますが、使役と命令の**他動詞**である「させる」との使い分けに迷うことが多々あります。「新商品の情報が市場に拡大する」は自動詞の「する」で状況と進行を表します。「新商品の情報を市場に拡大させる」は、他者を使役、命令することを示しています。さらに、「情報が市場に拡大している」、「情報は市場に拡大している」とすることも可能ですが、見分けにくさは変わりません。

「させる」で意図を明確にする

一方、「A君は勉強とスポーツを両立してきた」と「A君は勉強とスポーツを両立さ
せてきた」の場合では、他動詞である「〜を（に）させる」という目的語を取る表
現がより適しています。これが「させる」を用いるときの助詞との組み合わせです。また、
「泳ぐ前は準備運動をする」、「運転者のマナーが向上する」のような自動詞の「す
る」は「〜が（は）」がペアになっています。使い方で悩む際は、助詞をどう活用
するかを基準点にすれば問題は解決します。

12 決まった組み合わせの副詞に気をつける

会話や文章で使っている文法には原則があります。特に**副詞**とセットになっている言葉を間違えるケースが多いので要注意です。

会話や文章には、文法があります。そして、文法には守らなくてはならない原則が設けられています。会話ではスルーできる慣用表現も中にはありますが、文章の場合、基本に則った用法が求められます。特に気をつけなければならないのが副詞の用法です。副詞は、主に用言、または述語を修飾するための単語で、自立語ではありません。そして、副詞の中には、決まった受け方や一定の言い方を持つものがあります。「少しも悪いことをしたと思っている」は、間違いの一例です。

副詞の呼応する形を覚えよう

副詞の使い方が
しっくり来ない

文法的には
否定形で受けないと
ダメね

誤った組み合わせ
①少しも悪いことをしたとは思っている
②決してこの秘密を話していい
③彼女はまったく規則を理解している
④この程度の練習では全然疲れます

正しい組み合わせ
①少しも悪いことをしたとは思っていない
②決してこの秘密を話していけない
③彼女はまったく規則を理解していない
④この程度の練習では全然疲れません

本来なら「少しも悪いことをしたと思っていない」です。「少しも」は「ない」とセットで使う必要があるのです。「まったく」や「全然」は文章では否定形で用いましょう。その他、仮定条件で受ける副詞「もし」、「たとえ」は「〜なら」、「〜たら」、「〜ても」と組み合わせて使います。推量や疑問を表す副詞「おそらく」は「〜だろう」、「まさか」、「よもや」は「〜ないだろう」、「〜あるまい」、「もしや」は「〜ではないか」とそれぞれ呼応しますので覚えておきましょう。

仮定を表す副詞だね

受け方も仮定形がぴったりだわ

誤った組み合わせ
①もし明日の天気が雨になろうと、運動会は延期だ
②たとえ選挙に行けないけれど不在投票を考えよう

正しい組み合わせ
①もし明日の天気が雨になるなら、運動会は延期だ
　　　　　　　（雨になったら）
②たとえ選挙に行けないとしても不在投票を考えよう
　　　　　　　（行けなくても）
　　　　　　　（行けなかったら）

疑問や推量の副詞はよく使うよ

呼応する形を覚えておきましょう

誤った組み合わせ
①おそらく、今年の夏は暑い
②まさか、新車が故障しない
③もしや、小学校のときの友だちです

正しい組み合わせ
①おそらく、今年の夏は暑いだろう
②まさか、新車が故障することはあるまい
③もしや、小学校のときの友だちではないですか

尊敬語と謙譲語を混同しない

敬語の中でも混同しやすいのが尊敬語と謙譲語です。本来、自分や自分側に使うべき謙譲語を尊敬語として用いる例が多いからです。

謙譲語は尊敬語と混同して使用されるケースが多く見られます。謙譲語は自分や身内側の行為を低めて相手を立てるものです。したがって、尊敬語の対象の行為に使用することはできません。それぞれの**敬意の度合い**について確認していきましょう。「ご搭乗できます」は「ご〜する」の可能表現で謙譲語になります。お客様に対して使用するには「ご〜なる」の可能表現「ご搭乗になれます」が正解です。このように尊敬語と謙譲語の混同は相手に対して失礼になることが多いのです。

使い方を間違えると失礼なケースは?

「聞く」を使う場合、「伺う」は謙譲動詞なので、動作の主体に対して使うには「お〜になる」の形である尊敬語「お尋ねください」が正解です。「する」を尊敬語に直すと「された」、「なさった」になります。また「いる」や「来る」の尊敬語はどちらも「いらっしゃる」、「おいでになる」が正解です。尊敬語は動作をする対象を立てていう言葉で、謙譲語は自分を下に置くことで相対的に対象の地位を高める言葉です。敬語を使う場合は、その違いをしっかりと意識しましょう。

14 謙譲語は2種類ある

謙譲語には2つの使用方法があります。**敬意の対象**を誰にするかで表現が変わりますのでしっかり理解しましょう。

　2つの謙譲語は、どのように使い分けるのでしょう。「私は先日、御社の店舗に伺いました。」という例文は、「行く」の謙譲動詞「伺う」を使うことで、話題の対象である「御社」を高めています。これが謙譲語1になります。一方、「『先日、弊社部長が御社の店舗に伺いました』とクライアントに話した。」は話題の対象が自社の部長なので、読み手を対象とすると「『先日、弊社部長が御社の店舗に参りました』とクライアントに話した。」が正しく、これが謙譲語2です。

謙譲語の正しい使い方は?

次の例文を見てみましょう。「私は支店長に『昨日、営業部長の自宅に参りました』と話した。」は謙譲語2の「参る」が使われているので、聞き手に対して丁重な報告を行っていることになります。「私は支店長に『昨日、営業部長の自宅に伺いました』と話した。」は謙譲語1の「伺う」で話題の対象である支店長を高めています。両者を同時に高める場合は「私は支店長に『昨日、営業部長の自宅に伺いました』とお話しした。」です。謙譲語1と謙譲語2をしっかり使い分けましょう。

ひらがなで
表記したい言葉

●形式名詞（もとの意味が薄れて他の単語に修飾されて使われる言葉）

例文① 私は彼のまじめな所を評価しています。
修飾語

⬇

例文①の調整 私は彼のまじめなところを評価しています。

そのほかの形式名詞の一覧

内→うち 例）明るいうちに		筈→はず 例）知っているはずがない	
事→こと 例）迷うこともある		人→ひと 例）希望するひとに	
為→ため 例）体調不良のため		方→ほう 例）安いほうがよい	
通り→とおり 例）予想したとおり		物→もの 例）なかったものとしよう	
時→とき 例）迷ったときは、		訳→わけ 例）電話にでないわけだ	

Point 漢字表記も間違いではないが、抽象的なことを表現する
ときにはひらがな表記のほうがよい。

●指示語（物事を指し示す言葉）

例文② 此の件は此処だけの話にしておいてください。

⬇

例文②の調整 この件はここだけの話にしておいてください。

そのほかの指示語一覧

此れ→これ	此方→こちら		
其れ→それ	其方→そちら	其処→そこ	其の→その
彼れ→あれ	彼方→あちら	彼処→あそこ	
何れ→どれ	何方→どちら	何処→どこ	何の→どの

Point いわゆる「こそあど」と呼ばれる言葉。とくに「彼れ、彼方、
彼処」などは、漢字表記のままだと別の読み方もできてしまう。

●あいさつ・感謝・謝罪など

例文③　今回は行り難うございました。

例文③の調整　今回はありがとうございました。

そのほかの言葉一覧

初めまして　はじめまして	お早う　おはよう
今晩は　こんばんは	お休みなさい　おやすみなさい
ご免なさい　ごめんなさい	頂きます　いただきます
宜しく　よろしく	済みません　すみません

●接続詞や副詞

例文④　支店の売上が悪いのは何故だ。

例文④の調整　支店の売上が悪いのはなぜだ。

そのほかの接続詞一覧

及び　および	然し　しかし	即ち　すなわち
故に　ゆえに	因みに　ちなみに	並びに　ならびに

そのほかの副詞一覧

是非　ぜひ	段々　だんだん	或いは　あるいは	予め　あらかじめ
流石　さすが	更に　さらに	却って　かえって	直に　じかに

●そのほか

凡そ　おおよそ	沢山　たくさん	概ね　おおむね
殆ど　ほとんど	僅か　わずか	一寸　ちょっと
余り　あまり	但し　ただし	所謂　いわゆる
有る　ある	無い　ない	丁度　ちょうど
等　など	程　ほど	迄　まで
又　また	様な　ような	出来る　できる
何時　いつ	貴方　あなた	何方　どなた
可愛い　かわいい	可笑しい　おかしい	由々しい　ゆゆしい

171

Chapter 6

よりよい文章を
書くための習慣

よりよい文章を書くには、
アウトプットだけではなく、インプットが必要になります。
本や本以外からさまざまな刺激を受けることで
意外なチャンスが訪れるかもしれません。

01 わからない言葉に出会ったら辞書を引く

魅力的な文章を書くために必須なのが**語彙力**です。いつでも辞書を引く
習慣を身につければパワーアップは間違いありません。

その人が持っている言葉の知識を語彙といい、その語彙を使いこなす力のことを語彙
力といいます。語彙力が上がることで、主に３つのメリットがあります。まず、他者に
何かを説明するときに適切な単語が即座に浮かびます。また、他者の話や読んだ本
の内容をより深く理解できます。そして、同じ言葉を繰り返すこともなくなり、表現力が
上がって読みやすい文章もすらすらと書けます。そして、語彙力を簡単に上げる方法
が、辞書を引く習慣を身につけることなのです。

辞書を引く習慣が最重要

辞書を引くことで4つの効果を得られます。第一に、同音異義語を使い分けられるようになります。「意思」と「意志」、「解放」と「開放」など、どちらの表現を使うか迷わなくなるのです。第二に、あいまいな表現などを使わなくなります。辞書を引けばその言葉の可否を判断できます。第三に、用例を活用することで正しい言葉の使い方を学べます。第四に、語彙が増えて、会話や文章で使う言葉も増えます。第一〜第三を繰り返すことで、知っている言葉が増え、語彙力のレベルが上がるのです。

02 | 優れた文章を繰り返し読む

文章術を上げる一番シンプルな方法が**名文**を繰り返し読むことです。文章のテクニックやリズムが驚くほど身につきます。

名文とは、優れた文章で書かれた本のことです。文章のプロフェッショナルの書いた作品を手本にして読むことが、文章術を上達させるには最短距離となります。まず、語彙が著しく増えます。そして、正しい言葉づかいを学ぶことができます。先人たちがつくった言葉の使い方が自分のものになります。さらに、文章のリズムを身につけるのにも役立ちます。名文は必ず、独特の素晴らしいリズムを持っています。読書に大切なのは、自分に合っている名文を探すことです。

自分にとっての名文を見つけ出そう

まず、自分の好きな本を選ぶという方法があります。心が動く本があれば、それが自分にとっての名文です。そういう本に心当たりがなければ、文章の達人たちが薦めている作品を選んでみるのもいいでしょう。自分にとっての名文は一冊あれば十分です。何十冊も乱読するよりも、一冊の本を繰り返し読むことが大切です。スポーツのトレーニングと同じで、何度も繰り返すことで、名文に使われている言葉が頭に入り、言葉づかいも正しく覚えられます。文章のリズムも自分の中に浸透していきます。

03 自身の内面を磨く

文章のテクニックがどんなに上達しても、その人の内面が拙くては読む
人の心に何も響きません。まず自分を磨くことが大切です。

言葉には、書いている人の心の様子や品位、生活、人柄が表れます。そして、そ
の人が心に思っていることが自然と浮かび上がります。当然、文章には、書き手の性
格や思考、思想、人間性、価値観などが反映されています。誰かによいことが起き
たとき、それを喜びとして書く人もいれば、対比して自身の不遇を書く人もいるでしょう。
両者の違いは「**人生観**」によるものです。人を感動させる文章を書くためには自分
の内面を磨くことが必要なのです。

自分と向き合う習慣をつける

また、文章を上達させるには6割の人生観と4割の情報、そして、それを活かすテクニックという3つの要素が備わっていなければならないという説があります。メモ書きや辞書による情報も重要ですが、それ以上の比率を占めているのがその人の内面にある人生観というわけです。自分に何が足りないのか、何が必要なのか、どうすれば達成できるのかといった課題を考え、自分自身と向かい合って生きましょう。内面が輝き、深まることで、情報やテクニックも活きて、優れた文章が書けるようになります。

04 文章が書ける場所を用意しよう

誰かに文章を読んでもらうには、場所が要ります。そのために最適なのが**ブログ**なのです。書き方にこだわらず、まず書いてみましょう。

文章力に自信がないからといって、誰かに見てもらわなければ、自分の文章スキルのレベルがわかりません。そんなときに気軽に文章を読んでもらえる場所があります。それがブログです。ブログなら自分の知り合いだけでなく、多くの人の目に触れる機会があります。何より重要なのは、文章がうまくなくても誤字や誤用があっても、誰にも迷惑をかけないという気軽さです。あとで読み直して「ちょっと変かな」と思ったら修正することもできますから、書き方にこだわる必要もありません。

まずブログを始めよう

文章を上達させるには「とにかく書いてみる」というのが、文章のプロたちの一致した意見ですから、まずブログという場所で腕試しをします。書き続けていけば、筋トレでパワーが育まれるように、どんどん上達していきます。一日一回どんな小さなことでも書いていきましょう。大事なのは継続することです。なぜなら、しばらく書かないでいると、文章を書く力が衰えてしまうからです。続けていけば、スラスラ文章が浮かぶようになり楽しさも増していきます。ブログで最初の一歩を踏み出しましょう。

❶最初は3000字ぐらいのブログに挑戦する
❷小見出し（章や節ごとにつけるタイトル）を5〜6個設定する
❸さらにその中で1つの話題ごとのパラグラフを5〜6個設定する
❹その際、パラグラフの文頭だけ書き出しておく
❺ひたすら書いてみて、最後に全体を数回見直す
※起承転結や小見出しにこだわらず、
　自分が書きたい順番で書くことが大事

ブログをやってみるのが最短距離だと思うよ

頭に浮かんだことを書けばいいんだよ

でも自信がない

間違えたら恥ずかしい

何ごともトライだね

ホントだ、やってみたら簡単だった

すらすら書ける

05 本の出版に つながることもある

継続してブログを書いていると、場合によっては本の出版に結びつくことがあります。作家デビューに必要な条件とは何でしょう?

ブログは、何をどう表現すれば伝わるかを考えながら、自分の人生観をさまざまなテーマで書き記していくものです。また、ブログは情報の発信でもあります。自分も誰かのブログを読んで気づきや感動を得ることがあるはずです。その場合、必ずコメントを残しましょう。そのコメントをきっかけに、相手が自分のブログを見てくれることもあります。そして、その人が興味を持ってくれたら、場合によっては本の出版に結びつくかもしれません。では、どのようなケースで本が出せるようになるのでしょうか。

あなたも作家になれる?

ブログを書き続けながら、他の人のブログに目を通してコメントを残し、あるいは同好の人が集まるサイトにリンクが貼れたりすれば、よりたくさんの人が注目してくれます。ブログの内容に興味を持つ人が増えれば、知名度が上がっていきます。そこから出版社に**紹介**されて著作本の打診をされることは少なくないのです。本が出るということは、作家としてデビューすることでもあります。そのためには、日記やエッセイではなく、テーマを明確にしたブログを書いていくほうがよりアピールしやすいでしょう。

文章で大切なのは
情報の「正確さ」

　「うまい」と評価される人の文章には、ある特徴があります。その文章に盛り込むべき情報が、正確かつわかりやすく書かれているのです。でも、文章が情報伝達の手段であることを考えれば、もっともなことでしょう。

　その一方で、「読む人の心を打つ文章」や「描写されている情景がすぐに思い浮かぶ文章」こそ、うまい文章だと考えている人もいるでしょう。もちろん、文学の分野でならそうした文章は高く評価されます。しかし、効率を求めるビジネスシーンでは、読解に時間がかかる文章は敬遠され、すぐに理解できるシンプルな実用的文章のほうが重宝されるのです。

　ただし、正確かつわかりやすい文章にも、書くときに注意しなければならない最低限のコツがあります。

1.　誤解が生じない表現を用いる
2.　必要な情報をすべて盛り込む

　特に多いのが1のケースです。次の例文1のように、2通り以上の解釈ができてしまう（誤解が生じやすい）表現は避けなければなりません。

例文1 Aさんにはとても美しい妹さんと弟さんがいる。

↓

「妹と弟が美しい」?

「妹だけ美しい」?

　また、２のケースは文章を書き始める前に「盛り込まなければならない情報」をメモに書き出して整理しておくと、情報の抜けや漏れを予防することができます。

　そして、情報伝達のための文章を書く際にもっとも注意しなければならないのが、次の２つのコツです。

３．自分が理解していない内容は書かない

４．文章のルールを守る

　３のケースは、書き手自身が内容をしっかり理解していないと、読み手に理解してもらえる文章を書けないからです。そのため、文章を書くための参考資料にわからない語句が登場した場合は、そのまま使うのではなく、辞書などでその意味を調べたうえで、もっとわかりやすく言い換えるようにしましょう。

　４のケースは、「段落の最初は１字を下げる」、「文章の区切りに句読点を打つ」、「会話文はかぎカッコでくくる」といった作文の基本的な決まりを守ることです。最近は文字がメールやパソコンで打つものになっているせいか、段落変化の目印である最初の１字が下がっていなかったり、異常に一文が長かったり、可読性の悪い文章が増えているので、要注意です。

用語索引

用 語 索 引

● 参考文献

『あてはめるだけで"すぐ"伝わる 説明組み立て図鑑』犬塚壮志／SBクリエイティブ

『考え方の基本がゼロからわかる！ ロジカルシンキング見るだけノート』
北村良子（監修）／宝島社

『ことば選び辞典 大きな字の漢字の使い分け辞典』学研辞典編集部／学研プラス

『チャット＆メールの「ムダミス」がなくなる ストレスフリー文章術』
山口拓朗／KADOKAWA

『日経トレンディ 2022年10月号』日経トレンディ編集部／日経BP

『「文章術のベストセラー100冊」のポイントを1冊にまとめてみた。』
藤吉豊、小川真理子／日経BP

『パッ！ と伝わる 社会人の文章ルール』出口汪監修／新星出版社

『文法のおさらいでお悩み解消！スッキリ文章術』時田昌／ぱる出版

● 参照サイト

Voicy（『ゼロ秒思考』赤羽雄二の「何でも相談カフェ」ビジネスパーソンの超速文章術）
https://voicy.jp/channel/2885/332590

Instagram（@ yujiakaba）

https://www.instagram.com/p/CeOH97XLFGP/?hl=ja

● STAFF

編集	齊藤健太、山下孝子（株式会社ファミリーマガジン）
編集協力	竹内雅彦（株式会社風都舎）、幕田けいた、水野春彦
本文イラスト	熊アート、静華
カバーデザイン	別府拓（Q.design）
カバーイラスト	フクイサチヨ
本文デザイン・DTP	西川太郎、松原卓（ドットテトラ）

うじ）

超大型ダンプトラックの設計・開発に携わる。スタンフォード
士、修士上級課程を修了後、マッキンゼーに入社。経営戦
の設計と導入、マーケティング、新事業立ち上げなど多数のプロ
ソウルオフィスをゼロから立ち上げ、120名強に成長させる原動
LGグループの世界的な躍進を支えた。マッキンゼーで14年勤務した後、
ンチャー」を1社でも多く生み出すことを使命として、ブレークスルーパート
を共同創業。企業の経営改革、人材育成、新事業創出、ベンチャー共同創業・
積極的に取り組んでいる。著書に『ゼロ秒思考』『速さは全てを解決する「ゼロ秒
の仕事術』（以上、ダイヤモンド社）、『マンガでわかる！ マッキンゼー式ロジカルシン
グ』（宝島社）など24冊がある。

伝えたいことが100％表現できる！
ロジカル文章術
見るだけノート

2023年4月21日　第1刷発行

監修　　　赤羽雄二

発行人　　蓮見清一
発行所　　株式会社 宝島社
　　　　　〒102-8388
　　　　　東京都千代田区一番町25番地
　　　　　電話　営業:03-3234-4621
　　　　　　　　編集:03-3239-0928
　　　　　https://tkj.jp

印刷・製本　サンケイ総合印刷株式会社